Volldampf voraus!

Der Einstieg in den Dampf-Schiffsmodellbau
Eine illustrierte Bauanleitung mit Plänen

von
Klaus Buldt
unter der Mitwirkung von
Dirk Stukenbrok

NV NECKAR-VERLAG • VILLINGEN-SCHWENNINGEN

ISBN 3-7883-1159-2

© 1997 by Neckar-Verlag GmbH, Klosterring 1, 78008 Villingen-Schwenningen
Alle Rechte, besonders das Übersetzungsrecht, vorbehalten. Nachdruck oder Vervielfältigung von Text und Bildern, auch auszugsweise, nur mit schriftlicher Genehmigung des Verlags.
Printed in Germany bei Baur-Offset, 78056 Villingen-Schwenningen

Inhalt

	Vorwort	6
1.	**Bevor es richtig losgeht ...**	7
2.	**Werkzeuge**	9
2.1.	Die Grundausstattung	9
2.2.	Die erweiterte Grundausstattung	12
2.2.1.	Anreiß- und Meßwerkzeuge	13
2.2.2.	Gewindebohrer / Schneideisen	15
2.2.3.	Löten	16
2.3.	Checkliste Werkzeug	18
3.	**Materialbeschaffung**	20
3.1.	Klemmplatte und Parallelanreißer	20
3.2.	Öl- und Wasserabscheider	20
3.3.	Der Kessel	20
3.4.	Die Maschine	21
4.	**Werkzeuge im Selbstbau**	22
4.1.	Die Klemmplatte	22
4.1.1.	Die Grundplatte	22
4.1.1.1.	Feilen der Maßbezugskanten	24
4.1.1.2.	Anreißen	27
4.1.1.3.	Und immer wieder feilen	28
4.1.1.4.	Anreißen und Körnen	28
4.1.1.5.	Bohren	30
4.1.1.6.	Letzte Feilarbeiten	32
4.1.2.	Die Spannpratze	33
4.1.2.1.	Gewindeschneider und Gewindeohrer	33
4.1.2.2.	Das Langloch	35
4.1.3.	Endbearbeitung und Montage	35
4.2.	Der Parallelanreißer	36
5.	**Der Öl- und Wasserabscheider**	39
5.1.	Der Behälter	40
5.2.	Boden und Deckel	42
5.3.	Löten	43

6.	**Der Kessel**	46
6.1.	Ein paar Vorbemerkungen	46
6.2.	Vorbereitung der Kesselböden	46
6.3.	Der Kesselmantel	47
6.4.	Die Wasserrohre	48
6.5.	Kessel löten	51
6.5.1.	Reinigung verlöteter Bauteile	53
6.5.2.	Einlöten der Wasserrohre	53
6.6.	Die Druckprobe	56
6.7.	Der Bau des Kesselhauses	59
6.7.1.	Bodenplatten	59
6.7.2.	Kesselhausfronten	59
6.7.3.	Der Kesselhausmantel	62
6.7.4.	Montage des Kesselhauses	65
6.8.	Armaturen	68
7.	**Der Brenner**	70
8.	**Die Dampfmaschine**	71
8.1.	Vorbemerkungen	71
8.2.	Die Spiegelplatten	72
8.3.	Distanzrohre und Gewindestangen	79
8.4.	Das Umsteuerventil	79
8.5.	Die Kurbelwelle	87
8.5.1.	Die Welle und Kurbeln	92
8.6.	Die Zylinderspiegel	95
8.7.	Die Zylinder	99
8.7.1.	Die Zylindermontage	99
8.8.	Die Kolben	106
8.8.1.	Kolben einschleifen	109
8.9.	Letzte Arbeiten	111
8.9.1.	Steuerlöcher bohren	111
8.9.2.	Dampfrohre biegen und verlöten	114
8.9.3.	Der Dampfstrahlöler	118
8.9.4.	Die Endmontage	120
9.	**Betriebsvorbereitungen und erster Probelauf**	123
9.1.	Kessel und Maschine anschließen	123
9.2.	Kessel vorbereiten	124

9.3.	Maschine einlaufen lassen	125
9.3.1.	Einlaufen mit Druckluft	125
9.3.2.	Einlaufen unter Dampf	126
9.4.	Belasteter Probelauf	127
10.	**Fahrbetrieb**	**129**
11.	**Tuning-Tips**	**133**
11.1.	Wärmeverluste vermeiden	133
11.1.1.	Dampfrohre isolieren	133
11.1.2	Dampf „trocknen"	134
11.1.3.	Kesselhaus besser isolieren	134
11.2.	Brenner und Brennstoffe	135
11.2.1	Die Umrüstung, Auflagen, Kosten, Ausführung	137
11.2.2.	Die Umrüstung auf Gasbefeuerung	138
11.2.3.	Wasserstandsanzeiger	140
11.3.	Kosmetisches	142
11.3.1.	Kesselbeplankung	142
11.3.2.	Hauptabsperrventil	144
12.	**Schluß**	**144**
Anhang 1:	Tabellen und Tafeln	145
Anhang 2:	Quellenhinweise	147
Anhang 3:	Bezugsquellen	148
Anhang 4:	Sicherheitstechnische Bestimmungen	149

Hinweis

1. Zwischen Fotos und Zeichnungen in diesem Buch und der Planbeilage gibt es Unterschiede, die aus der Entstehungsgeschichte der Anlage herrühren. Grundsätzlich gelten die Zeichnungen, denn hier wurden noch kurz vor der Drucklegung Korrekturen und Verbesserungen eingearbeitet.

2. Beim Bau und Betrieb der hier vorgestellten Dampfanlage sind die geltenden Sicherheitsvorschriften zu beachten. Für entstandene Schäden können weder der Autor noch der Verlag verantwortlich gemacht werden.

Vorwort

Wo immer Schiffsmodellbauer mit einem dampfgetriebenen Modell erscheinen, sind sie Mittelpunkt des Interesses. Zahlreiche Zuschauer werden nicht müde, immer neue Fragen zu dieser überaus interessanten und nicht alltäglichen Antriebsart für Schiffsmodelle zu stellen. Dem einen oder anderen fällt beim Anblick der kleinen Meisterwerke wieder ein, früher als Kind ebenfalls eine Dampfmaschine besessen zu haben, so eine stationäre Anlage, die mit Trockenbrennstoff („Esbit") befeuert wurde. Manch ältere Zuschauer erinnern sich wehmütig an längst vergangene Zeiten, als noch „richtige" Dampfmaschinen in der Seefahrt, der Landwirtschaft und Industrie eingesetzt wurden, als Dampfwalzen das Bild einer Straßenbaustelle prägten und man in Dampfzügen durch die Lande reiste. Es heißt: Dampf lebt! Durchaus richtig, denn die Wärmekraftmaschinen vergangener Epochen hatten etwas Lebendiges. Sie ließen und lassen uns heute wieder teilhaben an der Faszination mechanischer Bewegungsabläufe. Die Kraft, die aus den Urelementen Feuer und Wasser entsteht, wird sichtbar. Moderne Kraftmaschinen verrichten ihre Arbeit dagegen in geschlossenen Gehäusen und sind vergleichsweise langweilig.

Dampfmodellbau ist nicht billig, das ist bekannt! Die Preislisten einschlägiger Anbieter sprechen eine deutliche Sprache. Wer sich für den Kauf einer Anlage entscheidet, weiß, daß leicht der eine oder andere Tausender über den Ladentisch gehen wird.

Der Selbstbau von Maschine und Kessel, so ist allenthalben zu lesen, erfordert neben fundierten Fachkenntnissen der Metallbearbeitung nicht unerhebliche Investitionen in teures Spezialwerkzeug. Das mag so manchen abschrecken, wo soll man denn auch all die Spezialkenntnisse herbekommen, von den Kosten ganz zu schweigen.

Bücher zum Thema gibt es viele, unzählige Seiten sind mit geballtem Fachwissen gefüllt. Doch diese Informationsfülle macht es dem Neuling oftmals nicht gerade leicht, einen für ihn geeigneten Einstieg in die faszinierende Welt der Dampfmaschinen zu finden. Fachbegriffe stürmen auf ihn ein. Von Werkzeugen, Werkzeugmaschinen und Arbeitsabläufen ist die Rede, die ein „normaler" Modellbauer kaum kennt. Und so mag manches Vorhaben, sich mit Modell-Dampfantrieben zu beschäftigen, bereits an dieser Schwelle gescheitert sein.

Das vorliegende Fachbuch wendet sich deshalb an all jene, die gern erste Gehversuche im Dampfmodellbau machen möchten, aber weder willens noch in der Lage sind, große Summen in solch ein Unternehmen zu investieren.

Um die beschriebene Dampfmaschinenanlage zu erstellen sind kaum Vorkenntnisse der Metallverarbeitung nötig, auch reicht eine um wenige Werkzeuge „aufgerüstete" Modellbauer-Werkstatt völlig aus, um das vorgestellte Projekt zu verwirklichen.

Dampfmodellbau, das ist mehr als in jedem anderen Bereich unseres Hobbys Erfahrung, Geduld und Sorgfalt. Ein Buch wie dieses kann lediglich versuchen, gesammeltes Know-how zu vermitteln, kann vielleicht helfen, Anfängerfehler zu vermeiden, will ein Leitfaden sein. Mehr nicht! Die unvermeidliche Geduld und Genauigkeit bei der Arbeit muß jeder selbst mitbringen.

List/Sylt im Juli 1997   Klaus Buldt

1. Bevor es richtig losgeht ...

In der ersten Hälfte dieses Jahrhunderts bauten etliche Modellbauer den Dampfantrieb für ihre Schiffsmodelle ohne Werkzeugmaschinen, also nur mit Säge, Feile und Bohrer, in jenen Tagen oft der einzige Weg, das Modell überhaupt fahrfähig auszurüsten. In jüngster Zeit zeugen Reprints alter englischer Modellbaubücher von den liebevollen Bemühungen der Altvorderen, die jungen Modellbauer, die „Young Mechanics", in die Geheimnisse dieser Technik und des Handwerks einzuführen.

Später, als Dreh- und Fräsmaschinen den Hobbymarkt eroberten, geriet der Bau von Dampfmaschinen unter Verwendung von „gewöhnlichem" Werkzeug in Vergessenheit. Präzision und Zeitersparnis sprachen ein klares Wort für den Einsatz von Werkzeugmaschinen, Professionalität dominierte das Hobby, der Dampfmodellbau wurde zu einer exquisiten Sparte für gutbetuchte Zeitgenossen. Der „Young Mechanic" blieb zunehmend auf der Strecke, das Handwerk auch.

Grund genug, den Gedanken wieder aufzunehmen und noch einmal, wie in alten Zeiten, eine Dampfanlage „von Hand" zu bauen. Gewiß, kaufen ist zeitgemäß, führt schnell und garantiert zum Erfolg, und mit ein wenig Sparsamkeit sowie ausgeklügeltem Sponsoring läßt sich mancher Wunsch erfüllen. Aber was ist schon eine gekaufte Maschine gegen eine völlig selbstgebaute Dampfanlage. Man denke nur an die immer wiederkehrende Frage: „Die Maschine haben Sie aber gekauft, oder?" gefolgt von der überaus befriedigenden Antwort: „ Nein, die hab' ich selbst gebaut, nur mit konventionellem Werkzeug." Ehrfurchtsvolles Staunen und die nicht enden wollende Bewunderung ist der Lohn für ein paar Stunden Schweiß.

Und wenn wir ganz ehrlich sind, ist es doch gerade diese Form der Anerkennung, wonach Modellbauer immer wieder streben.

Der aufmerksame Leser wird beim ersten Blick auf das Inhaltsverzeichnis fragen, warum unser Projekt mit dem Bau von Werkzeugen und dem Öl- und Wasserabscheider beginnt und nicht, wie allgemein üblich, mit der Maschine und dem Kessel? Der Einsteiger im Dampfmodellbau, an den sich dieses Buch vornehmlich wendet, muß zuerst ein Gefühl für das zu bearbeitende Material entwickeln. Das fällt um so leichter, je einfacher und größer die Bauteile sind. Also beginnen wir mit relativ großen und simplen Projekten, bevor wir uns den wesentlich komplizierteren und filigraneren zuwenden. Und damit auch wirklich (fast) nichts schiefgehen kann, werden schwierige Arbeiten innerhalb einer Baugruppe, die Genauigkeit und Sorgfalt verlangen, nach Möglichkeit zuerst durchgeführt. Wenn dabei etwas mißlingt, wäre das nicht so schlimm, als wenn ein fast fertiggestelltes Bauteil z.B. durch eine verlaufene Bohrung in teuren Schrott verwandelt würde. Aber Bange machen gilt nicht! Kessel und Maschine sind bewährte Konstruktionen, die in ähnlicher Form wiederholt in den verschiedensten Dampfpublikationen im In- und Ausland veröffentlicht wurden, immer mit dem Hinweis versehen, besonders anfängerfreundlich zu sein. Jeder, der schon einmal mit Säge und Feile gearbeitet und ein Loch in Metall gebohrt hat, wird mit etwas Sorgfalt das Projekt meistern können.

Um so eine Dampfanlage auch in Hinblick auf die finanziellen Möglichkeiten junger Einsteiger bezahlbar zu gestalten, wurde weitgehend auf alles verzichtet, was die Baukosten unnötig in die Höhe treibt und ohne wirklichen Nutzen ist. Nachrüsten kann man ja bekanntlich immer noch.

Profis und Könner, die sich möglicherweise in dieses Buch verirrt haben, werden verzeihen, wenn in den folgenden Zeilen hier und da vermeintlich simpelste Arbeitsvorgänge etwas ausführlicher beschrieben sind. Aber es gilt nun mal, den „Young Mechanic", den dampfhungrigen unerfahrenen Neuling zu führen und ihn in die Geheimnisse dieses faszinierenden Hobbys einzuweihen. Möglicherweise entspricht dabei die eine oder andere Beschreibung nicht bedingungslos den geltenden Normen und Vorschriften, ist die gebräuchliche Fachterminologie durch allgemeinverständliche Ausdrucksfomen ersetzt worden. Kritiker sollten aber nicht vergessen:

Dieses Buch erzählt von einer Freizeitbeschäftigung, nicht von professioneller Fertigung!

Zweifler werden fragen, ob denn solch eine kleine Dampfanlage „auch was taugt", ob sie für den Einsatz in einem Schiffsmodell geeignet ist. Schließlich hat man oft genug von einfachen anfängergeeigneten Dampfaggregaten gehört, die erst durch „Tuning" mit allerlei elektrischem Zubehör in der Lage waren, ein Modell vorwärts wie auch rückwärts fahren zu lassen. Diese Dampfmaschine ist in beide Richtungen selbstanlaufend und durch die Leistung des Kessels ausreichend stark, um eine Pinasse oder Steamlaunch von etwa 80 cm Länge gemütlich durch die Wellen zu treiben. Man darf aber keine Wunder erwarten: Unser handgearbeitetes Aggregat hält dem Vergleich mit einer auf Werkzeugmaschinen hochpräzise gefertigten Dampfmaschine natürlich nicht stand. Aber sie ist funktionsfähig und bestens geeignet, den Appetit auf Dampfmodellbau kräftig anzuregen. Wer immer noch Bedenken hat, sollte gleich mal bis zum Ende des Buches weiterblättern, und sich ein wenig von den Bildern in Kapitel 10 verzaubern lassen. Doch nicht zu lange, denn jetzt geht's gleich ans Werk.

2. Werkzeuge

2.1. Die Grundausstattung

Anfänger hören bei erster Annäherung an das Thema Dampf zuweilen, man brauche erst einmal eine Menge teurer Spezialwerkzeuge, sonst könne man „alles gleich ganz vergessen". Solch ein absolutistischer Anspruch wirkt leider eher abschreckend als motivierend. Natürlich ist zum Dampfmodellbau mehr Werkzeug erforderlich als für andere Bereiche unseres Hobbys. Aber mit dem üblichen Grundstock kommt man schon ein Stück weiter, so daß teure Anschaffungen nur in einzelnen Fällen nötig sein werden. Dies gilt natürlich nur, wenn beim Kauf von Werkzeugen bislang auf Qualität geachtet wurde und die vorhandenen Gerätschaften in gutem Zustand sind.

Was verbirgt sich nun hinter dem Begriff „üblicher Grundstock", wie ist eine durchschnittliche Modellbauwerkstatt ausgerüstet? Darüber läßt sich reichlich spekulieren, ohne repräsentative Umfrage ist aber wohl kaum eine verläßliche Aussage möglich. Jeder wird also selbst herausfinden müssen, ob die im folgenden aufgelisteten Geräte und Werkzeuge für ihn „kein Thema" sind, oder ob zur Verwirklichung des vor uns liegenden Projekts das eine oder andere zusätzlich angeschafft werden muß.

Neben geeignetem Werkzeug benötigen wir natürlich einen Raum, in dem es möglich ist, die eine oder andere Gerätschaft fest zu installieren, in dem es erlaubt ist (zumindest zu bestimmten Tageszeiten), den Lärmpegel ein wenig ansteigen zu lassen. Natürlich muß er gut zu belüften sein, denn die im Dampfmodellbau unvermeidlichen Lötarbeiten sowie die spätere Erprobung der Dampfanlage verlangen nach reichlich frischer Luft. Dampfmodellbau läßt sich nun mal nicht in der guten Stube am Wohnzimmertisch oder im Jugendzimmer zwischen Bett und Kleiderschrank praktizieren.

Betrachten wir die einzelnen Komponenten unserer Grundausstattung etwas genauer:

Bohrmaschine: Eine elektrische Handbohrmaschine ist wohl in jedem Haushalt zu finden. Aber halt! So ein ausgenudeltes Schätzchen, mit dem unlängst etliche Löcher in harte Kellerwände gebohrt wurden, ist für unsere Zwecke nicht geeignet. Wir kommen nur zu brauchbaren Ergebnissen, sprich maßhaltigen Bohrungen, wenn wir eine tadellos intakte, dazu in einen Bohrständer montierte Maschine verwenden. Das Bohrfutter muß rund laufen und darf weder spürbares radiales noch axiales Spiel aufweisen. Ein ausgeschlagenes Lager birgt die Gefahr, daß sich der

Bohrer im Werkstück festsetzt und es, wenn's ganz dicke kommt, sogar aus der Spannvorrichtung reißt. Also Vorsicht! Schlagbohrmaschinen, die mehrfach schwere Arbeiten überstehen mußten, sind für unsere Zwecke nicht geeignet.

Eine brauchbare Alternative ist die elektronisch geregelte Bohrpistole, also ein Gerät ohne Schlagbohroption. Wer solch eine zumeist kleine und handliche Maschine von vorneherein nur für feine modellbauerische Arbeiten einsetzt, kann lange gut davon haben und das „Schnupperdampfprojekt" damit erfolgreich bewältigen. Aber nicht nur die Maschine, auch die Wahl des Bohrständers ist für das Ergebnis von Bedeutung. Was nützt eine gute Bohrmaschine auf einem Bohrständer, der beim Absenken schlabbert und wackelt? Der Bohrer würde sein Ziel verfehlen, und wir produzieren nur teuren Schrott. Wer keinen Bohrständer besitzt, sollte nach einem Gerät mit sogenannter Schwalbenschwanzführung Ausschau halten (vgl. Anhang 2).

Wer ohnehin an eine Neuanschaffung denkt, sollte der genannten Kombination eine Tischbohrmaschine vorziehen, wie sie in jedem Baumarkt zu vertretbaren Preisen angeboten wird. Doch Vorsicht! Unter diesen Geräten gibt es „schwarze Schafe": Vor dem Kauf ist unbedingt zu prüfen, ob die vollständig ausgefahrene Pinole (jenes rohrartige Teil, an dessen unterem Ende das Bohrfutter angebracht ist) kein unzulässiges radiales oder axiales Spiel besitzt. Das sollte zwar nicht sein, kommt aber vor, und es wäre doch enttäuschend, wenn unsere Neuerwerbung am Ende kaum bessere Ergebnisse liefert als eine alte ausgeleierte Schlagbohrmaschine.

Minibohrmaschine: Wohl jeder Modellbauer besitzt eine der vielseitigen und allseits beliebten Minibohrmaschinen. Für die anstehenden Bohrarbeiten sind sie jedoch zu leistungsschwach und damit ungeeignet. Diverse Reinigungs-, Schleif- und Polierarbeiten lassen sich mit ihr aber hervorragend ausführen, weshalb wir unser vorhandenes Maschinchen unbedingt in Reichweite belassen sollten.

Heimwerker-Akkubohrmaschinen oder Akkuschrauber sind kaum geeignet. Sie verfügen selten über die nötige Drehzahl und/oder das nötige Drehmoment, um langfristig zufriedenstellende Ergebnisse zu garantieren.

Bohrer: Bohrer ist nicht gleich Bohrer. Insider wissen, es gibt unter den Spiralbohrern diverse Ausführungen mit verschiedenen Steigungen, Schneid- und Spanwinkeln. Wer mag, durchforstet einen Werkzeugkatalog nach den unterschiedlichen Spezies. Wir wollen uns mit solchen Spitzfindigkeiten nicht belasten und überprüfen statt dessen den wohl in jeder Modellbauwerkstatt vorhandenen Standardsatz HSS-Spiralbohrer auf seine Tauglichkeit. Die ist gegeben, wenn die Bohrer vollzählig, d.h. von 1 bis 10 mm in 0,5-mm-Abstufungen vorhanden, scharf und rundlaufend sind. Verbrauchte oder zumindest dubiose Exemplare müssen ersetzt werden. Für einige Arbeiten werden wir Größen benötigen, die in einem Standardsatz nicht vorhanden sind. Solche „krummen Maße" bekommt man aber problemlos im gut sortierten Werkzeughandel, dem Modellbauversandhandel oder auch in guten Baumärkten einzeln oder in kleinen Gebinden.

Maschinenschraubstock und andere Spannvorrichtungen: Metallteile beim Bohren „mal eben" mit einer Zange oder gar mit der Hand festzuhalten ist gefährlich! Es besteht eine erhebliche Verletzungsgefahr, wenn ein so gehaltenes Bauteil

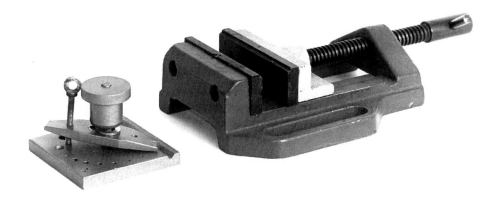

Bild 1

dem „Handwerker" plötzlich seinen Willen aufzwingt. Die beim Bohren auftretenden Kräfte sind nicht zu unterschätzen! Das richtige Spannen des Werkstücks verdient deshalb große Aufmerksamkeit. In vielen Fällen benutzt man dazu Maschinenschraubstöcke, die jeder Baumarkt in unterschiedlichen Preisklassen und Ausführungen vorrätig hat. Für unsere Zwecke sind Geräte mit möglichst massiven Backen von rund 80 mm Breite völlig ausreichend. Allerdings darf man keine Wunder erwarten. Nicht jedes Bauteil läßt sich damit präzise spannen. Fast alle Schraubstöcke besitzen die unangenehme Eigenschaft, kleinere Werkstücke beim Festziehen zu verkanten. Die bewegliche Backe schiebt dabei das zu spannende Teil gegen die feste Backe hoch, so daß es letztlich nicht mehr senkrecht über der Horizontalen steht. Mit etwas Know-how läßt sich dieser Mangel aber umgehen, wie wir im Laufe der Arbeiten noch sehen werden. In einigen Fällen ist es sinnvoller, das Bauteil mittels Spannpratzen auf dem Bohrtisch zu befestigen. Zum Spannen der vielen kleinen und kleinsten Teile der Maschine empfiehlt sich der Gebrauch einer Fingerklemmplatte (vgl. **Bild 1** sowie Kapitel 4: Werkzeuge im Selbstbau).

Der Schraubstock: Ein solider Schraubstock ist ein Muß für nahezu alle anstehenden Arbeiten. Wer keinen hat, sollte sich nach einem Parallelschraubstock mit einer Backenbreite von mindestens 100 mm umsehen. Die vielfach in Modellwerkstätten vorhandenen kleinen und schwachen, mit einer Schraubzwinge am Tisch zu befestigenden Spannvorrichtungen sind für unsere Zwecke ungeeignet. Der Schraubstock wird, wie in **Zeichnung 1** zu erkennen, den individuellen Körpermaßen entsprechend auf einem stabilen Tisch oder einer

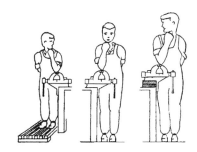

Zeichnung 1

Die richtige Schraubstockhöhe

Werkbank mit Schloßschrauben (zumeist M10) befestigt. Die richtige Höhe ist von entscheidender Bedeutung für die Qualität der bevorstehenden Feilarbeiten. Ein zur Backenbreite passender Satz loser Aluminium- sowie Filzbacken zum Schutz der empfindlichen Oberflächen unserer Werkstücke sollte griffbereit liegen.

Sägen und Feilen: Ohne eine gute Metallsäge kommen wir nicht aus. Vielleicht findet sich in „Opas alter Kiste" solch eine „Eisensäge", die, mit einem neuen Universalsägeblatt bestückt, völlig unseren Anforderungen genügt. Aber auch der Neuerwerb belastet die Modellbaukasse nicht übermäßig. Die in vielen Werkstätten vorhandene kleine Bügel- oder PUK-Säge kann ebenfalls verwendet werden. Allerdings sollte man wissen: Mit einer kleinen Säge ist es deutlich schwieriger, einen geraden Schnitt zu erzielen. Natürlich spendieren wir unserer Mini-Bügelsäge vor Baubeginn ebenfalls ein neues Sägeblatt.

Auf das Sägen folgt gewöhnlich das Feilen. Kein Modellbauer kommt deshalb ohne verschiedene Feilen aus. Ob die vorhandene Ausrüstung den Anforderungen dieses Projekts genügt, ist zu prüfen. Neben einem neuen Satz Schlüsselfeilen, der eine ca. 9 mm breite Halbrundfeile enthalten muß, benötigen wir eine Flachstumpffeile (Hieb 1) für Schrupparbeiten und größerer Spanabnahme sowie eine weitere Flachstumpf-, eine Dreikant- und eine Halbrundfeile, Hieb 2, alle ca. 250 mm lang. Sie müssen selbstverständlich sauber und scharf sein. Verunreinigte Feilen lassen sich mit einer speziellen Feilenbürste bedingt wieder auffrischen. Stumpfes oder schon angerostetes Werkzeug ersetzen wir lieber gleich, das spart viel Ärger, Kraft und Zeit. Das Feilenheft sollte bevorzugt aus Holz oder hartem Kunststoff sein. Hefte preisgünstiger Feilen sind oftmals aus weichem Kunststoff und dadurch federnd. Eine sichere und gezielte Führung ist dann kaum noch möglich, mit solch einem Werkzeug werden wir auf Dauer nicht zufrieden sein.

2.2. Die erweiterte Grundausstattung

Wenden wir uns nun den Gerätschaften zu, die nicht unbedingt in jeder Modellbauwerkstatt zu finden sein dürften.

Der fortgeschrittene, dem Baukasten bereits entrückte Modellbauer zeichnet die einzelnen Komponenten seines Bauvorhabens in der Regel mit einem mehr oder weniger spitzen Bleistift und einem Lineal oder Dreieck auf Holz bzw. Kunststoff, bevor er an den Zuschnitt geht. Dieses Verfahren ist für den mechanischen Modellbau zu ungenau. Die Breite eines Bleistiftstriches mißt, selbst im gut gespitzten Zustand, immer noch einige Zehntel Millimeter. Wir müssen die meisten Bauteile allerdings wesentlich genauer als „nur" auf ein Zehntel Millimeter anreißen, wollen wir den Erfolg unseres Projekts nicht gefährden. Aber keine Angst, so problematisch, wie es sich anhört, ist es nicht, vorausgesetzt, man bedient sich des richtigen Werkzeuges.

2.2.1 Anreiß- und Meßwerkzeuge

Reißnadel: Bleistiftstriche haften auf Metall nur bedingt und verwischen schnell. Eine gut sichtbare, dauerhafte und sehr feine Linie, entlang der ein Werkstück maßhaltig zu bearbeiten ist, erhält man nur durch das „Anreißen" mit einer Reißnadel. Solche Nadeln gibt es in verschiedenen Ausführungen, ganz nach persönlichem Geschmack kann man zwischen der geraden oder der abgewinkelten, beidseitig verwendbaren Form wählen. Darüber hinaus gibt es bleistiftähnliche Spitzenhalter nebst auswechselbarer Nadel. Wer sparen will oder muß, kann auch einen gewöhnlichen TK-Stift aus der Schulzeit reaktivieren und anstelle der 2 mm starken Mine eine solche Nadel einsetzen, deren Spitze einen Winkel zwischen 10 und 12 Grad haben sollte.

Zirkel: Kreise und Bögen reißen wir mit einem Stechzirkel an. Mancher wird aus seiner Schulzeit noch ein solches Gerät besitzen. Wenngleich es wegen seiner relativ weichen Spitze nur bedingt für Arbeiten auf Metall geeignet ist, läßt sich unser Projekt damit aber allemal bewerkstelligen.

Lineal: Natürlich benötigen wir zum Anreißen ein Lineal. Plastik- oder Holzlineale aus dem Bürobedarf sind für unsere Zwecke nicht geeignet. Die weichen Kanten nutzen schnell ab, bekommen Vertiefungen, und damit angerissene Linien wären ungenau. Präzises Anreißen vermeidet Fehler, ein Grund, weshalb wir die Ausgabe für ein rostfreies Stahllineal mit einer Teilung von 1 mm (auf der Rückseite 0,5 mm) nicht scheuen sollten. Die Skala muß unmittelbar am linken Ende beginnen, eine Voraussetzung, um in Kombination mit dem Anschlagwinkel präzise arbeiten zu können. So gut das Stahllineal zum Anreißen auch geeignet sein mag, als Meßwerkzeug, also zur Überprüfung der Maßhaltigkeit unseres Werkstückes, läßt es sich nur bedingt einsetzen.

Meßschieber: Das geeignete Instrument ist ein Meßschieber, der oft auch als „Schieblehre" bezeichnet wird. Wenngleich in vielen Modellbauwerkstätten solch

Bild 2

 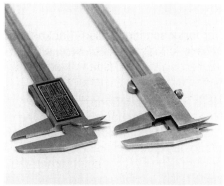

ein Meßwerkzeug vorhanden sein dürfte, ist wiederum zu prüfen, ob seine Ausführung für unsere Zwecke geeignet ist. Grundsätzlich unterscheidet man drei Arten: den Meßschieber mit Nonius, mit Meßuhr oder mit digitaler Anzeige. Preiswert und für unsere Aufgabe völlig ausreichend ist ein aus rostfreiem Stahl hergestellter Taschen-Meßschieber mit Nonius und einer Skalenteilung von 1/20 mm. Wer an einer Neuanschaffung nicht vorbeikommt, sollte darauf achten, ein Gerät zu erwerben, dessen Schieber an der linken Seite bündig mit dem festen Teil des Meßschiebers abschließt *(Bild 2)*. Diese Konstruktion ermöglicht es, den Meßschieber später beim Anreißen kleiner Bauteile als Streichmaß einzusetzen. Das heißt aber nicht, daß wir unser Präzisionsmeßinstrument selbst zum Anreißen verwenden dürfen. Die Spitzen der Backen sind für derartige Aufgaben tabu!

Meßschieber aus Kunststoff oder gar die verschiedentlich anzutreffenden winzigen Geräte mit einer Teilung von gerade mal 1 mm sind für den mechanischen Modellbau unzureichend.

Winkel: Ein guter Anschlagwinkel nach DIN 875/1 mit geschliffenen Kanten und einer Schenkellänge von ca. 75 x 50 mm vervollständigt unser Anreißwerkzeug. Im Grunde wären sogar zwei Winkel nötig, ein Anschlag- und ein Haarwinkel. Während der erste vornehmlich zum Anreißen eingesetzt wird, dient der zweite zur Prüfung von Flächen und Winkeln. Haarwinkel sind allerdings nicht ganz billig und für unser Projekt auch nicht unbedingt erforderlich. Mit einem auf seine lange Kante gestellten Meßschieber läßt sich die Oberfläche eines Werkstückes genausogut prüfen. Die in vielen Werkstätten üblichen Geodreiecke oder verstellbaren Tischlerwinkel verhelfen uns nicht zu brauchbaren Ergebnissen, sie sind ungeeignet.

Parallelanreißer: Manche Anreißarbeiten lassen sich nicht mit Winkel und Lineal ausführen, wir benötigen dann einen Parallelanreißer. In seiner einfachsten Ausführung besteht dieses Gerät aus einem kleinen Stativ und einer in einer Klemmvorrichtung gehaltenen Reißnadel. Fast noch wichtiger als die Anreißfunktion wird für uns der Einsatz als Prüfwerkzeug sein, mit dem sich z.B. bestimmte Positionen eines Bauteils ertasten und mit anderen vergleichen lassen. Mehr dazu, wenn's richtig los geht. Mit wenig Aufwand läßt sich dieses Werkzeug auch selbst herstellen. Eine Bauanleitung findet sich in Kapitel 4.2.

Anreißplatte: Eine saubere und unbedingt plane Standfläche für Werkstück und Meßgerät ist die Grundvoraussetzung für genaues Arbeiten mit dem Parallelanreißer. Profis stellen beides auf eine Anreißplatte, ein mit einer absolut ebenen Oberfläche ausgestattetes, sehr teures Spezialwerkzeug. Wir begnügen uns mit der ausreichend ebenen Oberfläche einer dicken Glasscheibe. Jeder Glaser wird uns ein Stück 8-mm-Glas von der Größe etwa eines DIN A-4-Blattes zurechtschneiden, das wir zum Schutz vor Verletzungen in einen Holzrahmen einbetten, fertig ist unsere Anreißplatte *(Bild 43)*. Wenn wir darauf achten, daß die Oberfläche immer sauber ist, können Späne keine Kratzer hinterlassen, und die Anreißplatte wird uns lange gute Dienste leisten.

Körner: Wo eine Bohrung eingebracht werden soll, muß zuvor mit einem Körner eine kleine trichterförmige Vertiefung geschlagen werden. Sie zentriert den Bohrer beim Aufsetzen auf das Werkstück und verhindert, daß er verläuft. Auch dieses Werkzeug gibt es in unterschiedlichen Ausführungen. Wir begnügen uns mit einem gewöhnlichen Mechanikerkörner, der eine gehärtete Spitze von 60 Grad haben sollte.

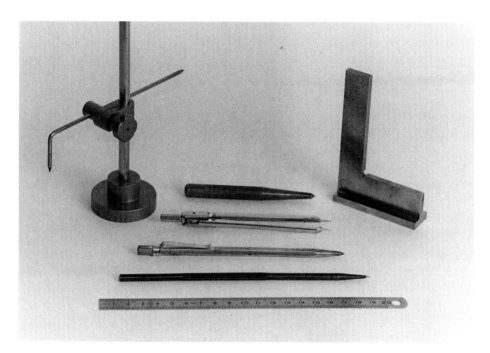

Bild 3

Filzstift: Das Anreißen erfordert Gefühl, schließlich wollen wir ja keine tiefen Gräben in das Metall ritzen und damit unsere Oberfläche nachhaltig beschädigen, sondern nur die Linien eben andeuten. Derart hauchzarte Striche auf blankem Metall sind allerdings kaum zu erkennen. Wir müssen unser Bauteil daher zuvor einfärben, um anschließend an den entsprechenden Stellen die Farbe mit der Reißnadel wieder zu entfernen. So bleibt das Metall nahezu unversehrt, die Linien sind jedoch gut zu erkennen. Mit einem dicken permanenten Filzstift, der möglichst eine abgeschrägte, kantige Schreibfläche (keine Spitze) haben sollte, wird das betreffende Bauteil eingefärbt. Die Wahl der Farbe ist Geschmackssache, gut bewährt hat sich Schwarz oder dunkles Blau. Alle Anreißutensilien auf einen Blick zeigt **Bild 3**.

2.2.2. Gewindebohrer / Schneideisen

Bei der Konstruktion der Dampfanlage wurde zwar darauf geachtet, weitgehend ohne Gewindebohrungen und Außengewinde auszukommen, ganz ohne ging es aber leider doch nicht. Wir kommen also nicht umhin, unseren Werkzeugpark ggf. um einen Satz M3-Gewindebohrer nebst einem möglichst kleinen verstellbaren Windeisen (Spannbereich von M1 bis M8) und einem M3-Gewindeschneider mit Schneideisenhalter aufzurüsten.

In Baumärkten gibt es verschiedentlich sehr preisgünstige sogenannte Einmalschneider, Gewindebohrer, mit denen der sonst übliche dreifache Arbeitsgang (Vorschneiden, Nachschneiden, Fertigschneiden) auf einmal erledigt werden kann. Mancher Modellbauer schwört auf dieses Verfahren, dem im Gewindeschneiden Ungeübten ist aber der Satz mit drei Bohrern zu empfehlen, denn die Einmalschneider brechen bei unsachgemäßer Behandlung schnell ab. Natürlich gilt auch hier wieder: Lieber ein paar Mark mehr ausgeben, man hat länger gut davon.

Wer die Klemmplatte und den Parallelanreißer aus Kapitel 4 nachbauen möchte, braucht zusätzlich je einen Satz M4- und M6-Gewindebohrer.

2.2.3. Löten

Der Vorgang des Lötens wird den meisten nicht fremd sein, denn schließlich gibt es im „normalen" Schiffsmodellbau allerlei Messingkleinteile, die mit Hitze und Lötzinn zusammengefügt werden. Für gewöhnlich erledigt man das mit einem in der Leistung passenden elektrischen Lötkolben. Manche Arbeit verlangt aber mehr Hitze, und da greift der eine oder andere schon mal zur „Pencil-Torch", jenem Gaslötkolben mit sehr heißer, feiner und spitzer Flamme. Doch für den Dampfmodellbau reichen beide Geräte nicht aus.

Lötgerät: Zumindest im Kesselbau muß hartgelötet werden und das bedeutet: viel Hitze. Wir brauchen also ein Hartlötgerät (mit dem aber durchaus auch weich gelötet werden kann). Das Angebot an solchen Geräten scheint immer weiter zu wachsen, aber nicht alles, was in den Regalen lagert, ist auch für unsere Anforderungen geeignet. Wie gesehen, scheiden die mit Feuerzeuggas betriebenen kleinen Gaslötkolben bereits aus. Bedingt brauchbar, wenngleich nicht unbedingt empfehlenswert, ist Lötgerät, bei dem Brenner und Gasflasche, bzw. Kartuschenhalter eine Einheit bilden. Abgesehen von der Tatsache, daß diese Geräte nicht in jeder Lage zu betreiben sind (hält man sie zu steil, kann Flüssiggas in den Brenner gelan-

Bild 4

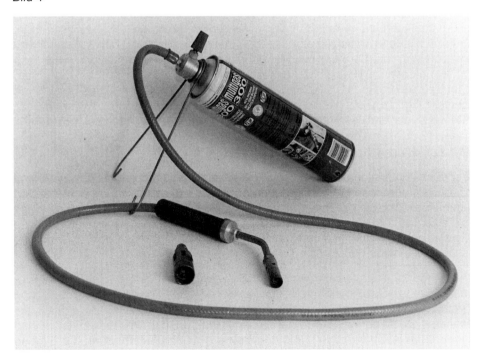

gen, was zu unkontrolliertem Fauchen der Flamme führt), ist die Gaskartusche bei Arbeiten an schwer zugänglichen Stellen oft hinderlich. Ideal sind sogenannte Schlauchlötgeräte, bei denen die Gaseinwegflasche (zumeist 600 ml Propan-/Butangemisch) durch ein Feinregelventil und eine ca. 1,5 m lange Schlauchleitung mit dem Handgriff und dem Brenner verbunden sind *(Bild 4)*. Die Brenner lassen sich je nach Bedarf austauschen, wir benötigen einen Punktbrenner mit einem Durchmesser von 14 mm und einen Hartlötbrenner von 22 mm. Die Gasflasche wird mit Hilfe eines Drahtständers schräg aufgestellt, so daß kein Flüssiggas in die Leitung gelangen kann. Schlauchlötgeräte gibt es in Sets, die neben den erwähnten Teilen einen Schlüssel zum Montieren der verschiedenen Brenner, einen Anzünder und zumeist auch noch einen Adapter zum Anschluß an eine Propangasflasche enthalten.

Weichlot: Standard- oder auch Radiolot mit der Bezeichnung L-PbSn40, das zumeist in einer Drahtstärke von 2 mm geliefert wird, genügt für unsere Weichlötarbeiten. Es hat einen Schmelzbereich von ca. 180 bis 230 °C und ist damit für die meisten Lötarbeiten an der Maschine geeignet.

Lötwasser: Obwohl im Standard-Weichlot bereits Flußmittel eingebettet ist, hat es sich bewährt, die zu verlötenden Teile zuvor mit Lötwasser zu benetzen. Das Lot verteilt sich dann gleichmäßig und schnell, langes „Rumbraten" entfällt. Übrigens ist dieses Verfahren auch im „normalen" Schiffsmodellbau sehr zu empfehlen.

Hartlot: Wir wählen aus dem für den Laien etwas unübersichtlichen Angebot an verschiedenen Sorten ein flußmittelummanteltes (cadmiumfreies) Silber-Hartlot mit einer Schmelztemperatur um ca. 650 °C aus (Typenbezeichnung: L-Ag45Sn, vgl. Anhang 3).

Lötunterlage: Es versteht sich von selbst, daß die anstehenden Lötarbeiten nicht unmittelbar auf unserer besten Arbeitsplatte ausgeführt werden dürfen, es besteht Brandgefahr. Eine feuerfeste Unterlage ist unbedingt nötig! Im Baustoffhandel bekommen wir Schamottsteine in unterschiedlichen Abmessungen und Stärken, die sich bestens für unsere Zwecke eignen. Für die Kaufentscheidung gilt, je dicker, um so besser, 3 cm dicke Steine haben sich gut bewährt. Sie sind schwer, liegen dank der rauhen Oberfläche rutschfest auf der Arbeitsplatte, speichern Wärme und schützen unser Bauteil vor zu schnellem Abkühlen. Während man bereits einen Stein als Unterlage für jede im Schiffsmodellbau vorkommende Lötarbeit nutzen kann, läßt sich mit vier Steinen ein kleiner „Ofen" bauen, in dem auch größere Teile wie unser Kessel problemlos und sicher zu bearbeiten sind *(Bild 23)*. Der Gebrauch alter Schamottsteine aus stillgelegten Öfen ist nicht zu empfehlen. Sie sind meist spröde und brechen bei geringster mechanischer Beanspruchung auseinander, ein nicht zu unterschätzendes Sicherheitsrisiko.

Damit sind wir bereits am Ende unserer Auflistung von benötigten Werkzeugen angekommen. Nun stellt sich die Frage, was denn der ganze „Werkzeugpark" zusammen kosten mag, und ob es am Ende nicht doch billiger ist, eine Maschine und einen Kessel fertig zu kaufen. Die Frage nach dem Preis kann und soll hier nicht beantwortet werden. Zum einen sind Werkzeugpreise von Ort zu Ort sehr unterschiedlich – wer auf dem Land wohnt, wird möglicherweise deutlich mehr zahlen müssen als jemand, der in der näheren Umgebung gleich mehrere konkurrierende Heimwerkermärkte durchstöbern kann. Zum anderen ändern sich Preise bekanntlich laufend, neue Modelle werden am Markt eingeführt, Auslaufmodelle preisgünstig abgestoßen. Wer solche Angebote wahrnimmt, kann die Gesamtkosten deutlich senken. Es läßt sich also keine verbindliche Aussage über die Anschaffungskosten treffen.

Ob jemand angesichts der zu erwartenden Kosten für die Anschaffung von Werkzeugen lieber gleich Maschine und Kessel fertig kaufen soll oder nicht, wird also seine eigene Entscheidung bleiben müssen. Vielleicht bekommt er für sein Geld eine entsprechende Dampfanlage – aber eben nur eine. Ganz sicher aber wird ihm am Ende das stolze Gefühl der Zufriedenheit fehlen, das nur der haben wird, der seine Dampfanlage von Beginn an mit eigenen Händen erstellt.

2.3. Checkliste Werkzeug

Im vorhergehenden Kapitel wurden nur die wichtigsten Werkzeuge erwähnt, die entweder bereits vorhanden sind oder ggf. noch gekauft werden müssen, um das Dampfprojekt zu realisieren. Darüber hinaus gibt es eine Vielzahl von „Kleinigkeiten", die zwar keiner besonderen Beschreibung bedürfen, der Vollständigkeit halber aber vor Baubeginn bekannt und vorhanden sein sollten.

Werkstattausrüstung

    Bohrmaschine mit Ständer oder Tischbohrmaschine
    Maschinenschraubstock
    Parallelschraubstock nebst einem Satz loser Alu- und Filzbacken
    Klemmplatte

Allgemeines Handwerkszeug

    Metallsägebogen, Kleinsägebogen (PUK)
    Laubsäge mit Metallsägeblättern
    Werkstattfeilen: Flachstumpffeile Hieb 1(Bastardfeile), Flachstumpf-, Dreikant- und Halbrundfeile, jeweils Hieb 2, alle ca. 250 mm lang
    Satz Schlüsselfeilen
    Blechschere (Lochblechschere) oder starke Haushaltsschere
    Bohrersatz 1 bis 10 mm, um 0,5 mm steigend
    zusätzlicher Bohrer 0,8 mm und 3,2 mm
    konische Handreibahle, Dreikantschaber oder Senker
    Plastik- oder Nylonhammer / Holzhammer
    Schlosserhammer, 200 bis max. 400 g
    Kombizange
    Cuttermesser
    2 Maulschlüssel SW 5,5 (M3)
    1 Maulschlüssel SW 10 (SW 11)
    Gewindebohrer M3, ggf. M4 und M6 mit Windeisen
    Gewindeschneider M3 mit Halter

Lötgerät und Zubehör
    Schlauchlötgerät mit Brennern 14 und 22 mm
    flußmittelummanteltes Silberhartlot (Schmelztemperatur um 650 °C)
    Weichlot (Radiolot)
    Lötwasser
    4 Schamottsteine, 3 cm dick

Meß- und Anreißwerkzeug
    Anreißplatte (Glasplatte, 8 mm stark, im Holzrahmen)
    Anreißnadel
    Stahlmaß
    Meßschieber mit 1/20 mm Teilung
    Zirkel
    Parallelanreißer
    Körner
    Lupe
    Filzstift, z.B. Edding 800 permanent Marker
    Manometer mit Anschluß M8 x 1 für Druckprobe

Putzmittel
    Handdrahtbürste, ggf. zusätzlich Drahtbürste für Bohrmaschine
    wasserfestes Schleifpapier (blau), 400er und 600er Körnung
    Stahlwolle
    Stahlfix oder anderes Stahlpoliermittel
    Brennspiritus oder Nitroverdünnung, Petroleum
    Batteriesäure oder Essigessenz
    div. Putzlappen
    Reststück Glasscheibe als Unterlage zum Schleifen und Läppen

Hilfsmittel
    2 Stück Winkelstahl ca. 20 cm lang, Schenkelbreite beliebig
    div. Holzreste, Spanplatte, Sperrholz etc.
    Nylonbrett aus dem Küchenbedarf als Unterlage zum Bohren dünner Bleche
    Hartholzstäbe (Buche, Eiche, dickes Dübelholz ist ebenfalls geeignet)
    Feines Maschinenöl
    Heißdampföl
    Buchsen- und Lagerkleber
    Teflonband oder Hanf
    Kupfer- bzw. Bindedraht

3. Materialbeschaffung

Das Werkzeug haben wir zusammen, was noch fehlt ist Material, aus dem unsere Dampfanlage entstehen kann. „Halbzeug" nennt es der Fachmann und meint damit unbearbeitete Werkstoffe in standardisierten Abmessungen. In unserem Fall haben wir es mit drei Werkstoffen zu tun: Stahl, Messing und Kupfer. Wer mehr über ihre Eigenschaften wissen möchte, wird im Anhang 2 Hinweise zu weiterführender Literatur zum Thema finden.

Wenden wir uns nun dem logistischen Problem zu. Die benötigten Materialien sind in der Stückliste des jeweiligen Bauplans aufgeführt. Doch wo bekommen wir sie her?

3.1. Klemmplatte und Parallelanreißer

Diese beiden nützlichen Werkzeuge lassen sich gänzlich aus Resten erstellen. Gewöhnlicher Stahl St 37 ist überall aufzutreiben, im Stahlhandel, auf jedem Schrottplatz, ja sogar im Sperrmüll finden sich durchaus geeignete Stücke. Und wenn wir schon auf der Suche nach Stahl sind, sollten wir nicht vergessen, gleich nach zwei Winkeleisen von etwa 20 cm Länge Ausschau zu halten (alle anderen Abmessungen sind unwichtig). Wir brauchen sie später, um Blech abzukanten bzw. um Bohr- und Löthilfen zu erstellen.

3.2. Öl- und Wasserabscheider

Auch für dieses Bauteil lassen sich Materialien aus Restekisten einsetzen. Beim örtlichen Installateur fallen täglich viele kurze Stücke Kupferrohr unterschiedlichster Durchmesser und Längen an. Was in solchen Betrieben weggeworfen wird oder in besagte Restekisten wandert, ist für unsere Zwecke bestens geeignet und meistens umsonst oder gegen einen geringen Beitrag in die Kaffeekasse zu haben. Zuweilen findet man auch 6-mm-Kupferrohre, die sich hervorragend zum Bau von Wasser- und Abdampfrohren eignen.

3.3. Der Kessel

Das Material für den Kessel wird man ausschließlich im Angebot der einschlägigen Dampfmodellbau-Anbieter finden können. Wo sonst gibt es Messingrohr in den gewünschten Abmessungen, vorgeformte Kesselböden, Einlötringe und was sonst noch an Fittings erforderlich ist? Der kritische Leser wird anmerken: „Das heißt aber auch wieder Kataloge kaufen, die bekanntlich ihren Preis haben." Richtig. Und weil das Suchen nach passenden Teilen in all den Katalogen mühselig und manchmal auch nervtötend ist, wurde für dieses Projekt ein anderer Weg gewählt.

Die Firma

Dieter Laspe
Modellbau u. Feinwerktechnik
Lingeweg 5
41472 Neuss-Holzheim

hat alle zum Bau des Kessels benötigten Materialien in einem Set zusammengestellt. Einlötringe, Anschlüsse, Sicherheitsventile und Isoliermaterial, alles ist enthalten, selbst das Manometer für die Druckprobe nebst passendem Anschluß wird auf Wunsch mitgeliefert.

Wer auf seinen Streifzügen durch diverse Restekisten passendes Material für den Kesselbau gefunden haben sollte, braucht natürlich nur die fehlenden Komponenten zu kaufen. Auch kein Problem, alle zum Bau des Kessels benötigten Teile entstammen dem Standardsortiment des o.e. Anbieters und können daher auch einzeln erworben werden.

3.4 Die Maschine

Neben der Forderung nach einer einfachen Materialbeschaffung bestand eine weitere darin, nach Möglichkeit hochpräzise, von einem Ungeübten kaum zu bewältigende Feilarbeiten zu vermeiden. Das ist nur möglich, wenn auf Halbzeuge zurückgegriffen wird, deren Oberflächen zumindest in den relevanten Bereichen weitgehend der geforderten Qualität entsprechen. Um das Beschaffungsproblem noch weiter zu vereinfachen, wurde die Konstruktion schließlich so geändert, daß nur noch zwei Halbzeuge nötig sind: 3-mm-Messingblech (DIN 1751, alt Ms 63) und 40 x 6 mm gezogenes Flachmessing (DIN 17674, alt Ms 58). Jeder Stahlhandel mit einer Abteilung für NE-Metalle sollte diese beiden Halbzeuge im Programm führen, zumindest aber bestellen können.

Auch Messingrohr für die Zylinder (DIN 1755, alt Ms 63) sowie Silberstahlwellen (polierter Rundstahl nach DIN 175 mit dem Toleranzfeld h9) für Kolben, Kurbelwelle und Pendelachse wird man dort bekommen können. Allerdings gibt es hier und da Unternehmen, die nur ungern oder gar nicht die von Modellbauern benötigten kleinen Mengen abgeben.

Viele Baumärkte führen ebenfalls div. Rundmaterialien sowie Rohre aus NE-Metallen, doch ist beim Kauf von Messingrohr hier besondere Vorsicht geboten. Nicht alle Rohre mit der Bezeichnung 10 x 1 mm sind auch wirklich maßhaltig. Mißt man nach, dann zeigt sich, daß einige Produkte nur eine Wandstärke von 0,98 mm oder weniger haben. Der Rohrinnendurchmesser beträgt also 8,04 mm und ist damit für unsere Zwecke zu groß. Steckt man nämlich ein Stück Silberstahl hinein, wird es fühlbares Spiel haben. Wer sein Material selbst zusammenstellt, ist also gut beraten, beim Kauf von Messingrohr einen Meßschieber oder ein Stück 8-mm-Silberstahlwelle dabei zu haben. Mißt man einen Innendurchmesser unter 8,00 mm oder läßt sich der Stahl mit leichtem Widerstand in das Rohr schieben, ist alles o.k.

Um all diesen Problemen aus dem Weg zu gehen, empfiehlt es sich, auf den Materialsatz zur Maschine zurückzugreifen, den ebenfalls die Firma Laspe zusammengestellt hat.

4. Werkzeuge im Selbstbau

Bevor die Arbeiten an der Dampfanlage beginnen können, sind zunächst zwei für das Gelingen unseres Projekts wichtige Werkzeuge anzufertigen. Es ist zum einen die Klemmplatte, mit der wir später kleine Teile der Maschine beim Bohren sicher und vor allem plan spannen werden. Das zweite Gerät, der Parallelanreißer, dient zum Anreißen und Messen. Während man den Parallelanreißer im einschlägigen Werkzeughandel auch fertig kaufen kann, wird man um den Bau der Klemmplatte kaum herumkommen. Der im mechanischen Modellbau Erfahrene kennt sicher andere praktikable Lösungen zum Spannen kleinster Bauteile. Auch wird er die in der Metallverarbeitung nötigen Grundfertigkeiten bereits besitzen und kann daher dieses Kapitel übergehen. Dem Neuling sei aber nahegelegt, die folgenden Zeilen aufmerksam zu lesen, denn hier werden grundlegende Arbeitsabläufe, wie sie später auch beim Bau von Kessel und Maschine notwendig sind, ausführlich beschrieben.

4.1. Die Klemmplatte

Zeichnung 2 zeigt alle Teile, aus denen das fertige Werkzeug bestehen wird. In der Stückliste unten rechts sind sie nochmals aufgeführt, und zwar mit ihrer Positionsnummer, Anzahl, ihrem Namen nebst Sachnummer bzw. Kurzbezeichnung und dem empfohlenen Werkstoff. Der aufmerksame Leser wird festgestellt haben, daß z.B. Bauteil 3 zwar in der Stückliste aufgeführt, in der Zeichnung aber nicht dargestellt ist. Das ist auch nicht nötig, denn sogenannte Normteile wie Schrauben, Muttern, Scheiben etc., die man fertig kaufen kann oder die durch eine DIN-Norm definiert sind, werden zeichnerisch nicht extra dargestellt.

Wir wollen uns angewöhnen, die einzelnen Bauteile der vorgegebenen Reihenfolge nach anzufertigen. Es gibt zwar keinen zwingenden Grund dafür, aber man behält so leichter die Übersicht. Beginnen wir also mit Teil 1, der Grundplatte.

4.1.1. Die Grundplatte

Die Stückliste empfiehlt die Verwendung des Werkstoffs St 37. Das ist Stahl der gewöhnlichsten Sorte, welchen Laien zuweilen als „ein Stück Eisen" beschreiben. Die Abmessungen sind der Zeichnung zu entnehmen: 60 x 60 mm, 8 mm stark. Wenngleich die angegebenen Maße nicht bindend sind und je nach vorhandenem Material abgeändert werden können, sollten wir nach Möglichkeit versuchen, uns zum Zwecke der Übung an die vorgegebenen Werte zu halten. Ein Stück Stahl mit genau den geforderten Abmessungen zu finden, ist sicher ein Zufall. Man kommt deshalb nicht umhin, zuerst aus einem Reststück unsere Plattengröße grob auszuschneiden.

Sind alle Kanten mit einer Feile entgratet worden, das Werkstück sauber, rost-, späne- und fettfrei, legt man es auf die Anreiß(Glas)platte und prüft, ob es völlig eben aufliegt. Es darf nicht kippen oder wippen! Krummes oder verzogenes Material sortieren wir aus, eine Nachbearbeitung mit der Feile wäre nicht erfolgversprechend.

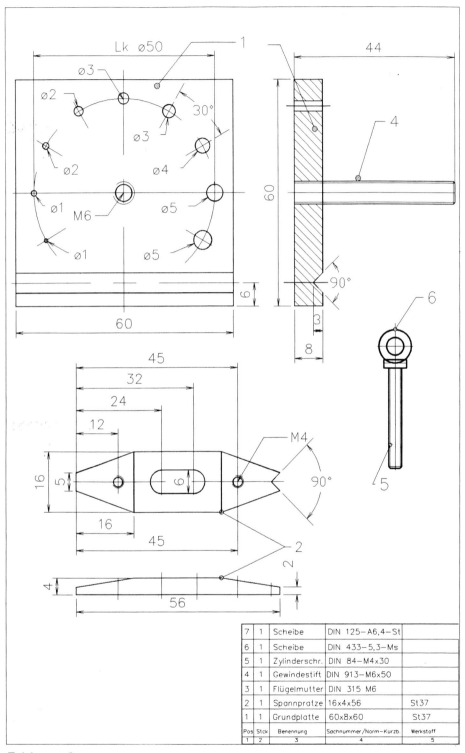

Zeichnung 2

4.1.1.1. Feilen der Maßbezugskanten

Hat das Flachmaterial diese erste Prüfung bestanden, wird es hochkant in den Schraubstock gespannt und eine der vier 8 mm breiten Seiten plangefeilt. Das hört sich sehr einfach an, aber gerade das Feilen, der wichtigste Arbeitsgang unseres gesamten Projektes, verlangt viel Übung. Neben trainierter Fingerfertigkeit ist die korrekte Höhe des Schraubstocks und die richtige Körperhaltung mit entscheidend für die erzielte Qualität. Die **Zeichnung 3** zeigt, wie es gemacht wird. Wer mehr zum Thema „feilen" wissen möchte, findet Hinweise zu entsprechendem Lesestoff im Anhang 2.

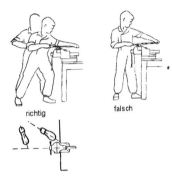

Von Zeit zu Zeit halten wir den Anschlagwinkel mit einer seiner langen Kanten, wie in **Bild 5** zu sehen, auf die bearbeitete Fläche. Auf diese Weise läßt sich leicht prüfen, ob sie ballig wird., d.h. zu den Enden hin abfällt oder, umgekehrt, in der Mitte ein Tal entsteht. Licht, das zwischen Winkel und Werkstück hindurchscheint, zeigt unmißverständlich die unzulängliche Qualität unserer Arbeit. Aber wir wollen doch nicht gleich zu hart mit uns sein, schließlich gibt´s ja noch drei weitere Kanten, an denen geübt werden kann ... **Falsch!** Auf diese erste kommt es an! Man nennt sie die Maßbezugskante. Die Qualität aller parallel bzw. rechtwinklig zu ihr verlaufenden Linien auf unserem Bauteil hängt von der

Zeichnung 3

Bild 5

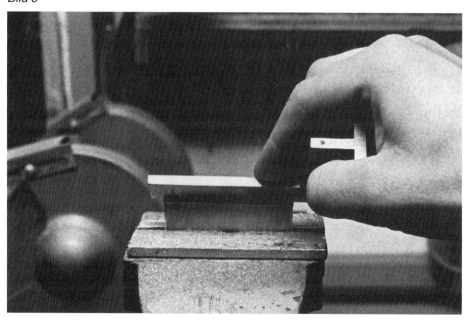

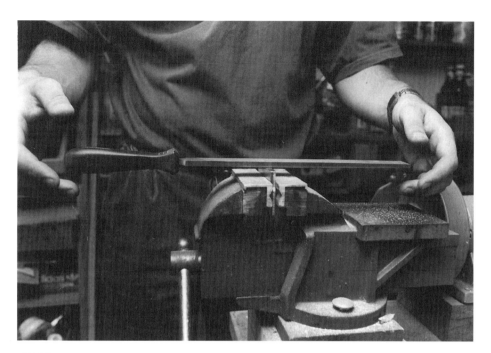

Bild 6

Genauigkeit ihrer Oberfläche ab. Und was noch schlimmer ist, es gibt immer zwei von ihnen, eine senkrechte und eine waagerechte. Zugegeben, für die Brauchbarkeit unserer Klemmplatte ist es nicht entscheidend, ob alle Maße hundertprozentig mit der Zeichnung übereinstimmen. Die Dampfmaschine wird uns Maßungenauigkeiten aber nicht verzeihen, sie versagt schlicht und einfach ihren Dienst.

Ist die Bearbeitung der ersten Kante so weit gediehen, daß nur noch sehr wenig Licht zwischen Winkel und Werkstück hindurchscheint, geben wir ihr den letzten Schliff: Dazu wird die Flachfeile, wie in **Bild 6** zu sehen, zunächst auf der Kante ausbalanciert. Ist die richtige Position gefunden, legt man die Hände dicht neben dem Werkstück auf die Feile und schiebt sie unter leichtem bis mäßigem Druck ein paarmal hin und her **(Bild 7)**. Dabei darf sie nicht verkanten, also zu keiner Seite herunterhängen. Wer zuviel auf der Mitte herumfeilt, wird bald eine hohle Fläche erhalten, wer den Enden zuviel Aufmerksamkeit schenkt, bekommt ein balliges Ergebnis (vgl. **Zeichnung 4**). Also schön langsam und gleichmäßig die ausbalancierte Feile ein paarmal über die Fläche führen, erneut ausbalancieren und wieder feilen. Ein neuerlicher Lichttest **(Bild 8)** wird uns zeigen, was wir mit diesem kleinen Trick erreicht haben: die Kante sollte jetzt plan und damit absolut lichtdicht sein. Stellen wir die Platte danach mit der bearbeiteten Fläche auf die Glasscheibe, muß sie senkrecht stehenbleiben. Wenn nicht, wiederholen wir den letzten Schritt so lange, bis es klappt.

Hat die erste Maßbezugskante beide Prüfungen bestanden, drehen wir das Werkstück um 90° und bearbeiten die zweite Bezugskante auf gleiche Weise. Sie muß nicht nur genau so „lichtdicht" sein, sondern zur ersten auch noch im rechten Winkel stehen. Das erzielte Ergebnis prüfen wir mit dem Anschlagwinkel.

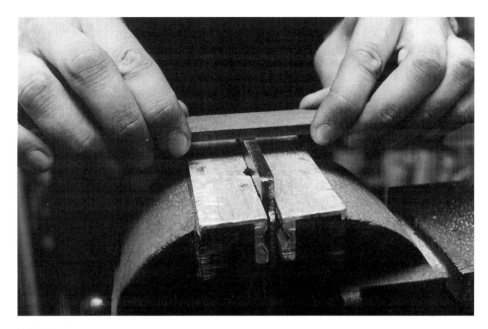

Bild 7

Bild 8

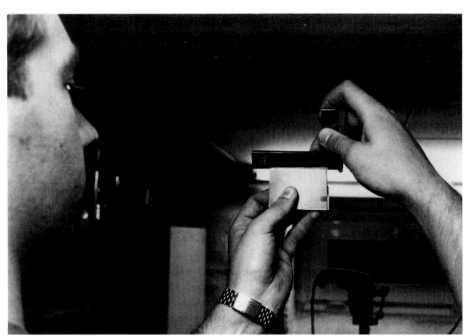

Zeichnung 4

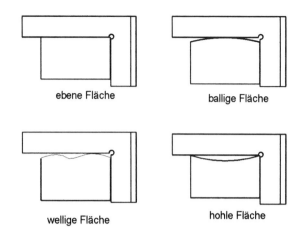

4.1.1.2. Anreißen

Wenn beide Kanten fertig bearbeitet sind und den Anforderungen entsprechen, haben wir uns eine kleine Pause verdient, denn das Schwierigste ist geschafft. Doch zuvor schwärzen wir noch eine der 60 x 60 mm großen Oberflächen mit dem dicken Filzstift, die Farbe kann in der Pause gut trocknen.

Die Grundplatte soll im nächsten Arbeitsgang ihre endgültigen Abmessungen erhalten. Dazu ist es nötig, die beiden noch nicht bearbeiteten Kanten anzureißen und dann auf Maß zu feilen.

Zum Anreißen benötigen wir Reißnadel und Stahllineal sowie den Anschlagwinkel. Wichtig für ein gutes Ergebnis ist der richtige Gebrauch des Lineals. Wie in **Zeichnung 5** zu sehen, legt man den Maßstab so auf das Werkstück, daß sein Nullpunkt (der genau am Ende liegen muß) 60 mm von der Maßbezugskante entfernt ist. Mit der Reißnadel ziehen wir jetzt an der Stirnkante entlang, die Farbe

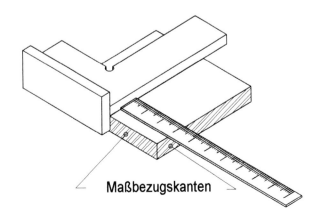

Zeichnung 5

wird vom Metall entfernt, ein feiner Strich ist zu erkennen. Der Vorgang wird am anderen Ende der Platte wiederholt. Beide Markierungen verbinden wir unter Zuhilfenahme des Anschlagwinkels, den wir mit seinem Anschlag gegen die zweite Bezugskante legen. Wenn die angerissene Linie jetzt nicht durch beide Markierungen geht, ist unsere Platte entweder nicht winklig oder wir haben beim Setzen der Marken einen Moment lang nicht aufgepaßt. Also nochmal von vorne!

Stimmt alles, reißen wir gleich noch die letzte zu bearbeitende Kante auf gleiche Weise an. Bevor wir aber wieder zur Feile greifen, schwärzen wir die beiden Maßbezugskanten mit dem Filzstift. So werden wir später immer wissen, welche der vier Seiten die maßgeblichen waren.

Wer einen Meßschieber besitzt, der die in Kapitel 2.2.1 beschriebenen Anforderungen erfüllt, hat's leichter. Skala auf 60 mm einstellen, Meßschieber gegen die jeweilige Bezugskante halten, ein kurzer Strich mit der Reißnadel entlang des Kopfes unseres Meßgeräts, fertig ist die erste Markierung. Und wer nun auf die Idee kommen sollte, man könne doch gleich mit den Backen des Meßschiebers anreißen, erhält die rote Karte! Die Spitzen werden durch dieses Vorgehen beschädigt, und die Genauigkeit des Meßschiebers ist dahin.

Also: _Niemals mit dem Meßschieber anreißen!_

4.1.1.3. Und immer wieder feilen

Die ersten Feilhübe werden wir mit der Bastardfeile ausführen, das schafft was weg, und wir nähern uns schnell der angerissenen Linie. Ist diese gerade noch zu erkennen, wählen wir die nächst feinere, die flachstumpfe Halbschlichtfeile (Hieb 2). Nach vier bis fünf gleichmäßig über die Kante verteilten Hüben wird die Platte ausgespannt und das bislang erzielte Maß ermittelt. Dazu mißt man mit dem Meßschieber jeweils an der linken und rechten Seite sowie in der Mitte den Abstand zwischen Maßbezugskante und der derzeit bearbeiteten.

Wie schon gesagt, es ist zwar nur ein Werkstück, bei dem es nicht auf unbedingte Genauigkeit ankommt, um aber unser Gefühl für die Metallbearbeitung zu verbessern, gilt die Platte erst dann als fertig, wenn wir ein Maß zwischen 60,0 und 60,2 mm an allen Stellen ermitteln konnten. Dieses Ergebnis zählt im Maschinenbau zur mittleren Toleranz, damit können wir für's erste ganz zufrieden sein.

Normalerweise würde man jetzt die Feilarbeiten fortsetzen und die V-förmige Nut einbringen. Ein winziger Punkt auf der die Nut kreuzenden Mittellinien verlangt aber eine andere Vorgehensweise.

4.1.1.4. Anreißen und Körnen der 10 Bohrungen

Die Klemmplatte besitzt neben der mittleren Bohrung, in die später der Gewindestift (4) einzusetzen ist, noch 9 weitere. Hier lassen sich sehr bequem und sicher Bauteile einspannen, die auf Achsen entsprechenden Durchmessers montiert sind. Für den Bau unserer Dampfanlage sind diese Bohrungen nicht unbedingt nötig. Wenn wir uns aber schon die Mühe machen, dieses auch für den übrigen Schiffsmodellbau sehr nützliche Werkzeug anzufertigen, sollten wir auf sie nicht verzichten. Zugleich ist es eine gute Übung, denn auch das Bohren in Metall will gelernt sein.

Doch zurück zum Anreißen. Ist die Farbe auf der Oberfläche noch in gutem Zustand, können wir gleich loslegen, andernfalls muß zunächst nachgeschwärzt werden. Zuerst reißen wir die Mittellinien von der jeweils zugehörigen Maßbezugskante aus an. Man sollte annehmen, sie schneiden sich genau im Mittelpunkt der Platte. Wir machen die Probe und reißen 30 mm von der der jeweiligen Maßbezugskante gegenüberliegenden Seite eine weitere Linie an. Haben wir sehr präzise gearbeitet, sind die ersten beiden mit den letzteren deckungsgleich. Zumeist aber werden sie wenige Zehntel parallel zueinander verlaufen, so daß in der Mitte ein winziges Quadrat zu erkennen ist. In diesem Feld liegt unser Mittelpunkt.

Den Körner setzen wir, wie in **Zeichnung 6** zu sehen, in die Mitte des Quadrates, richten ihn auf und schlagen leicht mit dem Hammer darauf. Bei gutem Licht kontrollieren wir unseren Treffer. Es ist ein winziger Trichter entstanden, dessen Ränder die Seitenlinien des Quadrats berühren sollten. Damit erst einmal genug, der Mittelpunkt ist fixiert und ausreichend tief, um den Zirkel, mit dem wir jetzt die übrigen Punkte anreißen wollen, sicher in Position zu halten.

Den Radius von 25 mm greifen wir vom Stahllineal oder mit Hilfe der auf dem Meßschieber eingravierten Teilung ab **(Bild 9)**. Was nun folgt, erinnert stark an die Geometriestunden in der Schulzeit: „Wir schlagen einen Kreis mit dem Radius 25 mm um den Mittelpunkt". Wer solche Sätze noch auswendig lernen mußte, ist gut dran. Ihm werden die weiteren Schritte bekannt vorkommen und leichtfallen.

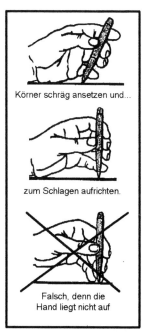

Körner schräg ansetzen und...

zum Schlagen aufrichten.

Falsch, denn die Hand liegt nicht auf

Bild 9

Zeichnung 6

*Zeichnung 7:
Anreißen der Bohrungen
mit dem Zirkel*

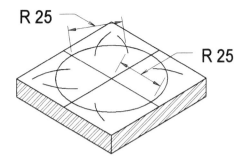

Um die Schnittpunkte dieses Kreises mit den Mittellinien schlagen wir weitere Kreisbögen mit gleichem Radius, und zwar jeweils in beide Richtungen. Sie schneiden den Kreis in den Punkten, an denen später die entsprechenden Bohrungen einzubringen sind. Die **Zeichnung 7** zeigt, wie die angerissene Platte letztlich aussehen soll.

Ein wenig Druck müssen wir schon auf den Zirkel wirken lassen, um zu einer gut sichtbaren Linie zu kommen. Mit etwas Gefühl lassen sich die feinen Schnittpunkte mit dem Körner ertasten. Die Körnerspitze „rastet ein", ein leichter Schlag und die Marke sitzt. Falls ein Körnerpunkt doch danebengegangen sein sollte, kann er geringfügig „zurechtgerückt" werden, indem man den schräg gehaltenen Körner noch einmal in den entstandenen Trichter setzt und ihn mit leichten Schlägen in die gewünschte Richtung treibt. Ist die richtige Position erreicht, richtet man ihn auf und fixiert die endgültige Position durch einen zusätzlichen Schlag. Wenn alle Körnerpunkte gut sitzen, werden sie durch einen etwas kräftigeren Schlag vertieft. Aber Vorsicht! Nicht zu viel Kraft aufwenden, der entstandene Trichter soll später nur den Bohrer zentrieren, das Loch selbst wollen wir erst noch bohren ...

4.1.1.5. Bohren

Zum Bohren spannen wir das Werkstück in den Maschinenschraubstock. Niemand sollte versuchen, die ach so kleine Platte „mal eben" mit der Hand festzuhalten, es könnte ihm schnell wie dem Zeitgenossen von **Zeichnung 8** ergehen! Im Grunde müßte auch der Schraubstock mit dem Bohrtisch verschraubt werden. Bei den in diesem Projekt vorkommenden geringen Durchmessern kann der Schraubstock aber getrost von Hand gehalten werden. Das gilt jedoch nur, wenn wir mit scharfen oder besser neuen Bohrern arbeiten. Stumpfe Bohrer fressen sich leicht im Material fest und reißen dann auch den Schraubstock mit!

Damit beim Bohren der Durchgangslöcher unser Schraubstock nicht beschädigt wird, ist unter das zu bearbeitende Werkstück eine ausreichend dicke Unterlage zu legen. Sie sollte in den Abmessungen etwas kleiner als die zu bearbeitende

*Zeichnung 8
(aus „Arbeite sicher beim Bohren", Nordwestliche Eisen- und Stahl-Berufsgenossenschaft Hannover 1976)*

Platte sein. Holzreste aus der Bastelkiste eignen sich genauso wie dicker Kunststoff, Nylonplatten oder Reststücke unseres verwendeten Flachstahls. Nur eben müssen sie sein, sonst ist ein rechtwinkliges Bohren nicht möglich.

Jeder Modellbauer hat natürlich schon einmal gebohrt, und jeder, der ein wenig heimwerkelt selbstverständlich auch, also wo ist das Problem, warum lange darüber lamentieren? Weil sich das Bohren von Metallen ein wenig von den gewohnten Bastelbohrarbeiten unterscheidet. In unsere gängigen Werkstoffe wie Holz, Polystyrol, ABS und GfK bohren wir in einem Zug problemlos das gewünschte Loch. Der Span schiebt sich zügig an den Windungen des Bohrers entlang nach außen, fertig ist die Bohrung. Nicht so bei Metall. Es kommt vor, daß sich Späne mit zunehmender Tiefe einer Bohrung zwischen Schneide und Werkstück verhaken, die Windungen verstopfen. Deshalb muß der Bohrer von Zeit zu Zeit „gelüftet" werden, d.h., er wird aus dem Bohrloch herausgefahren und von Spänen befreit, bevor man weiterbohren kann. Wer dennoch den Bohrer dank einer drehmomentstarken Maschine durch das Metall powert, wird mit viel Glück auch ein Loch erhalten, das dann aber sehr wahrscheinlich nicht mehr maßhaltig ist. Kleine Bohrerdurchmesser quittieren derart rüdes Vorgehen gern mit Abbrechen. Was in Holz oder Kunststoff noch niemandem den Angstschweiß auf die Stirn treibt, kann bei einem metallenen Werkstück zu einem fast unlösbaren Problem werden, denn abgebrochene Bohrer lassen sich kaum aus dem Loch entfernen.

Folgt man dem Lehrbuch, so ist der Bohrer nach Erreichen einer Tiefe von etwa 1,5 x Bohrerdurchmesser zu lüften. Wir merken uns für die Praxis: Je kleiner der

Bohrerdurchmesser, um so häufiger muß gelüftet werden. Bereits nach den Bohrarbeiten an der Grundplatte werden wir ein Gefühl dafür entwickelt haben, wann der Bohrer zu lüften ist.

Bei allen Bohrarbeiten ist der Erfolg u.a. von der korrekten Drehzahl des Bohrers abhängig. Der Fachmann spricht von der „Schnittgeschwindigkeit". Wir wollen uns die Rechnerei zur Ermittlung der richtigen Geschwindigkeit sparen und lesen statt dessen im **Anhang 1** aus der Tabelle 2 die benötigten Drehzahlen ab. Wer eine Tischbohrmaschine verwendet, wird per Antriebsriemen die am nächsten gelegene Drehzahl wählen. Bei der elektrischen Bohrmaschine ermittelt man zunächst die Nenndrehzahl anhand des Typenschildes oder der Gebrauchsanweisung, um dann die gewünschte Drehzahl am Regler (zumeist im Ein-/Aus-Schalter integriert) mehr oder weniger nach Gefühl einzustellen.

Grundsätzlich gilt:
Je größer der Durchmesser des Bohrers, um so niedriger die Drehzahl!

Also auf geht's! Wer noch nie in Metall gebohrt hat, tut gut daran, mit der 3-mm-Bohrung zu beginnen und sich dann den größeren bzw. kleineren Durchmessern zu nähern. So hat man bereits ein Gefühl für den Vorgang und das Material entwickelt, wenn man bei der 1-mm-Bohrung angelangt ist, die uns das meiste Fingerspitzengefühl abverlangt.

Sind die Bohrarbeiten abgeschlossen, nehmen wir einen 6-mm-Bohrer in die Hand und entgraten damit alle Bohrungen von beiden Seiten.

Spätestens jetzt fällt auf, daß es für die Bohrung im Mittelpunkt der Platte keinen Hinweis auf den benötigten Bohrerdurchmesser gibt. M6 heißt lediglich, daß dort kein Durchgangsloch, sondern ein metrisches (M) Durchgangsgewinde mit einem Nenndurchmesser von 6 mm eingebracht werden soll. Aus der Tabelle 3 im **Anhang 1** ermitteln wir den erforderlichen Bohrerdurchmesser für die jeweilige Gewindebohrung. Mehr zum Thema Gewindeschneiden später.

4.1.1.6. Letzte Feilarbeiten

Damit ist unsere Grundplatte fast fertig, es fehlt noch die V-förmige Nut. In ihr lassen sich Rundmaterialien mit kleinen Durchmessern sicher spannen.

Die Mittellinie der Nut reißen wir auf die bekannte Weise im Abstand von 6 mm zur parallelen Maßbezugskante an. Wieder spannen wir die Platte im Schraubstock und bringen mit der Dreikantfeile entlang dieser Linie eine V-förmige Nut ein. Es passiert leicht, daß die Enden der Nut schneller das endgültige Maß erreicht haben als der mittlere Teil. Die meisten Dreikantfeilen sind in der Nähe des Heftes dicker als an der Spitze, was dieses Phänomen erklärt. Eine derart ballige Nut gibt unserem zu spannenden Bauteil allerdings keine sichere Führung. So müssen wir von Zeit zu Zeit die Feile wie einen Meißel oder ein Stecheisen einsetzen und mit ihrer Spitze im stumpfen Winkel durch den Mittelteil stoßen, bis auch hier das gewünschte Maß erreicht ist.

Ob der Boden der Nut an allen Stellen den gleichen Abstand zur Oberkante der Platte hat, können wir derzeit noch nicht messen. Dazu braucht man den Parallelanreißer. Allenfalls läßt sich eine grobe Prüfung mit dem Tiefenmaß des

Meßschiebers ausführen. Aber auch ohne diese Meßwerkzeuge ist es möglich, die erzielte Qualität zu kontrollieren. Wir legen dazu die von Spänen gesäuberte Platte auf die Glasscheibe und geben ein gerades Stückchen 2-mm-Rundmessing oder eine beliebige andere Welle mit diesem Durchmesser von ca. 90 mm Länge in die Nut. Sie darf nicht kippeln. Die Enden müssen etwa gleich hoch über dem Glas liegen. Ein 5 mm starkes beliebiges Flachmaterial unter dem Überhang hindurchgeschoben läßt grobe Maßabweichungen schnell erkennen. Wir wollen uns an dieser Stelle mit der optischen Prüfung begnügen, später kann die Nut mit dem Parallelanreißer ausgetastet und ggf. nachgearbeitet werden.

Zum Schluß feilen wir an alle Kanten der Platte noch eine Fase. Während der Maschinenbau feste Normen für diese optische Verbesserung vorsieht, wollen wir es nicht so genau nehmen. Wir spannen unsere Platte hochkant in den Schraubstock und fahren einige Male mit der Flachstumpffeile (Hieb 2) in einem Winkel von 45° über jede Kante, um sie zu „brechen". Hat die Schräge eine Breite von ungefähr einem halben Millimeter erreicht, wollen wir zufrieden sein, das Bauteil ist jetzt „fingerfreundlich".

4.1.2. Die Spannpratze

Bauteil 2, die Spannpratze, bereitet keine besonderen Probleme, denn jetzt haben wir fast alle nötigen Arbeitsabläufe schon einmal durchgeführt. Sie kann aus Flachmaterial mit entsprechenden Abmessungen abgelängt oder, etwas mühevoller, „aus dem Vollen" auf Maß gefeilt werden. Breite und Dicke des Materials müssen nicht genau den Planvorgaben entsprechen, grundsätzlich gilt aber: Je dicker die Pratze, um so kräftiger kann sie spannen ohne dabei zu verbiegen. Die Reihenfolge der einzelnen Arbeitsschritte ist mit denen zur Anfertigung der Grundplatte annähernd identisch:

1. Maßbezugskante festlegen und feilen
2. Material schwärzen
3. gegenüberliegende Seite anreißen
4. auf Maß feilen (nicht nötig bei Verwendung von Flachstahl mit entsprechenden Abmessungen)
5. Punkt 1 bis 4 bezogen auf die zweite Bezugskante wiederholen
6. Mittellinien anreißen
7. Bohrungen körnen
8. Bohren.

Auch bei diesem Werkstück unterbrechen wir wieder die Feilarbeiten und wenden uns zunächst den Gewindebohrungen und dem mittleren Langloch zu.

4.1.2.1. Gewindeschneider und Gewindebohrer

Die Kernbohrungen der M4-Innengewinde haben entsprechend der Tabelle 3, **Anhang 1** einen Durchmesser von 3,2 mm. Dieser Bohrerdurchmesser sollte mittlerweile in jedem guten Bohrerset enthalten sein. Wer keinen M4-Gewindebohrer, sondern nur den in Abschnitt 2.2.2. empfohlenen Satz M3 besitzt, bohrt die Löcher

Bild 10

mit 2,5 mm auf. In diesem Fall wird statt der empfohlenen M4-Zylinderschraube (5) eine entsprechend lange M3-Schraube eingesetzt.

Mit dieser Schraube wird die Spannpratze, wie in **Bild 10** zu erkennen, je nach Höhe des zu spannenden Werkstückes korrekt ausgerichtet. Natürlich können beide Bohrungen auch entfallen. Allerdings muß dann das freie Ende mit Klötzchen unterlegt werden. Das gerät u.U. zu einer bösen Fummelei, und so lohnt der Aufwand des Gewindebohrens allemal.

Sind die Löcher gebohrt, spannen wir die Pratze in den Schraubstock und setzen den ersten Gewindebohrer, den sog. Vorschneider (Kennzeichen: zumeist ein Ring am Schaft) von Hand in das Bohrloch. Nach nicht einmal einer Umdrehung hat er „gefaßt" und wir müssen ihn senkrecht ausrichten. Anschließend wird vorsichtig das Windeisen auf den vierkantigen Kopf gesetzt. Ohne Druck, sondern nur darauf bedacht, die senkrechte Haltung zu wahren, „schrauben" wir den Bohrer um eine Viertelumdrehung tiefer in den Werkstoff. Kontrolle: Steht er noch senkrecht? Der Winkel zwischen Werkstück und Bohrer läßt sich leicht mit einem rechtwinkligen Reststück Metall, oder, wenn man den Halter abnimmt, mit dem Anschlagwinkel prüfen. Wenn alles stimmt, drehen wir um eine Viertelumdrehung weiter. Jetzt muß die Ausrichtung stimmen, sonst wird die Bohrung unweigerlich schief. Der Bohrer wird um eine halbe Umdrehung zurückgedreht, der Span bricht und entweicht durch die Gänge. Im folgenden wird der Gewindebohrer jeweils um eine Umdrehung voran- und um eine halbe zurückgedreht. Dieser Vorgang wird unter Zugabe einer Bohremulsion (wir verwenden hierfür feines Maschinenöl) so lange wiederholt, bis der Bohrer völlig durch das Material gedrungen ist und sich nicht mehr weiterdrehen läßt. Nicht vergessen: Immer nach einer halben Drehung vorwärts wieder um den gleichen Weg zurückdrehen, den Span brechen. Besonders kleine Größen

(M2, M3 und auch noch M4) nehmen es einem schnell übel, wenn man diese Vorgehensweise zu großzügig handhabt. Sie brechen ab, und Werkstück nebst Bohrerspitze wandern in den Schrott.

Der nächste Bohrer, der Nachschneider, trägt zwei Ringe. Wir wiederholen den eben beschriebenen Vorgang. Beim Ansetzen wird er in die „Fußstapfen" seines Vorgängers gleiten, eine Korrektur ist nicht mehr möglich. Auch wenn man das Gefühl haben sollte, der Bohrer läßt sich jetzt deutlich leichter drehen, darf Leichtsinn gar nicht erst aufkommen. Wir bleiben stur bei unserer ganzen Umdrehung vorwärts, gefolgt von einer halben rückwärts.

Gleiches gilt für den letzten, den Fertigschneider.

4.1.2.2. Das Langloch

Die Spannpratze wird später mit dem Langloch über den Gewindestift (4) gesteckt und durch die Flügelmutter (3) auf das zu spannende Werkstück gepreßt (alternativ kann auch eine normale M6-Mutter oder die in **Bild 10** zu sehende Rändelmutter benutzt werden). Die Größe dieser Öffnung ermöglicht ein flexibles Spannen der verschiedenen Werkstücke. Die Herstellung ist einfach, wir bohren jeweils 24 bzw. 32 mm von der linken Bezugskante ein 6-mm-Loch auf der Mittellinie und feilen das Verbindungsstück heraus. Die Kanten sind abschließend mit verschiedenen Schlüsselfeilen sauber abzuarbeiten.

4.1.3. Endbearbeitung und Montage

Die schwierigsten Arbeitsabläufe haben wir erfolgreich bewältigt, jetzt tun wir noch was für´s Auge. Zunächst muß die Pratze ihre endgültige Form erhalten. Laut Plan läuft sie an beiden Enden spitz zu. Diese Formgebung erlaubt das Spannen kleinster Bauteile. Mit der V-förmigen Kerbe rechts lassen sich darüber hinaus kleine Räder, Scheiben oder Platten annähernd vollflächig spannen, so daß problemlos durch den Mittelpunkt gebohrt werden kann **(Bild 11)**. Mit der linken Seite ließe sich solch eine Aufgabe nur unzureichend bewältigen. Letztlich muß unsere Pratze noch an beiden Enden, aber nur auf je einer Seite, abgeschrägt werden, so lassen sich auch unregelmäßig geformte Teile leicht spannen. Mit Säge und Feile werden wir diesen letzten Arbeitsgang schnell beenden können.

Zum Schluß gestalten wir alle Kanten wieder fingerfreundlich. Fertig ist Bauteil 2.

In die Mitte der Grundplatte hatten wir bereits eine Bohrung von 4,8 mm eingebracht, so daß jetzt, sofern ein M6-Gewindebohrer vorhanden ist, das Gewinde geschnitten werden kann. Abschließend schraubt man ein Stück M6-Gewindestange oder eine „geköpfte" Zylinderschraube unter Zugabe von etwas Schraubensicherungslack oder Buchsen- und Lagerkleber hinein und läßt ihn vorschriftsmäßig aushärten.

Wer keinen M6-Gewindebohrer hat und auch keinen ausleihen kann, sucht zunächst nach einer M6-Zylinderschraube mit gewindefreiem Schaft von etwa 5,9 mm. Der Schaft ist nicht bei allen Schrauben gleich dick, Billigware aus dem Baumarkt unterscheidet sich zuweilen deutlich von den in der Industrie gebrauchten Produkten. Der Kopf und ein Teil des Schaftes wird abgesägt, etwa 8 mm sollten aber übrig blei-

Bild 11

ben. Die Bohrung erweitern wir auf 6 mm, wozu wir einen neuen Bohrer verwenden sollten. Gerät die Bohrung aufgrund eines stumpfen oder falsch geschliffenen Bohrers zu groß, funktioniert dieses Verfahren nicht. Jetzt steckt man den Schaft in die Bohrung und sichert ihn mit Schraubensicherungslack oder Buchsen- und Lagerkleber. Paßt er stramm und läßt man den Klebstoff vorschriftsmäßig aushärten, wird er die Zugbelastungen, die auf den Stift wirken, problemlos verkraften. Wer auf Nummer Sicher gehen möchte, sollte den Gewindebolzen von der Unterseite zusätzlich stauchen. Dazu wird das Gerät mit dem Bolzen zwischen Alu-Backen in den Schraubstock gespannt, bis nur noch 8 mm hervorstehen. Steckt man jetzt die Grundplatte auf den Bolzen, müssen beide Teile plan zueinander abschließen. Ein kräftiger Schlag mit dem Hammer auf den in der Mitte des Bolzens plazierten Körner läßt das Material zu den Seiten entweichen, es keilt sich an den Wandungen der Bohrung fest. Wer meint, er verforme durch solch einen Schlag das Gewinde des Bolzens, kann auch eine Reihe von weniger kräftigen Körnerschlägen rundum, dicht am Rand des Bolzens anbringen. Auch dadurch erreicht man die Keilwirkung.

Die Spannpratze mit der Zylinderschraube (5) wird über den Stift (4) geschoben, die Scheibe (7) darauf gelegt und die Flügelmutter (3) aufgeschraubt. Wer die Höheneinstellung der Pratze statt mit dem Schraubendreher lieber von Hand vornehmen möchte, lötet noch die Scheibe (6) senkrecht in den Schlitz der Schraube (5). Fertig ist unser Werkzeug.

4.2. Der Parallelanreißer

Der Bau dieses Werkzeugs bereitet keine besonderen Schwierigkeiten, denn nun kennen wir bereits alle erforderlichen Arbeitsabläufe.

Entscheidend für die Brauchbarkeit eines Parallelanreißers ist seine Standfestigkeit.

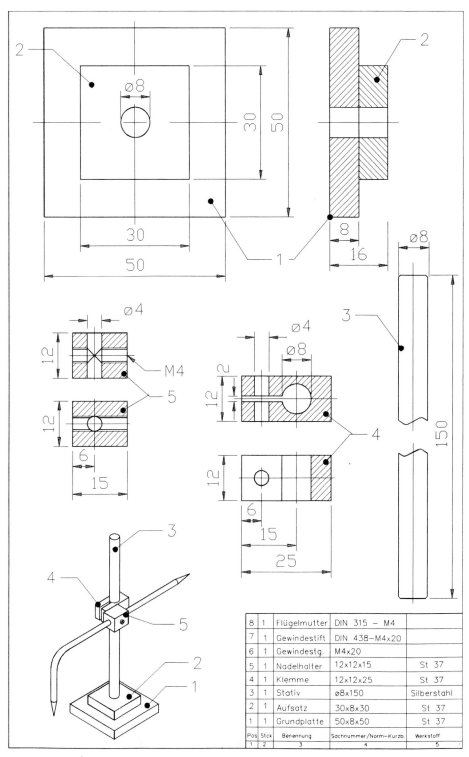

Zeichnung 9

Sie ist um so besser, je größer und schwerer der Fuß des Stativs ausfällt. Die Auflagefläche der in **Zeichnung 9** dargestellten Grundplatte (1 und 2) ist als Empfehlung anzusehen. Sie kann selbstverständlich je nach vorhandenem Material sowie der Spannkapazität des zur Verfügung stehenden Maschinenschraubstocks geändert werden. Um das nötige Gewicht zu erreichen, müßte die Grundplatte aus mindestens 16 mm starkem Flachstahl bestehen. Da noch Material von der Herstellung der Klemmplatte übrig sein dürfte, legt man einfach zwei Platten von je 8 mm übereinander. Das spart zudem kräfteraubendes Sägen durch dickes Material.

Nachdem alle Kanten bearbeitet sind, bohrt man das 8-mm-Loch zur Aufnahme des Stativs. Nach dem Körnen wird zunächst mit 3 mm vorgebohrt. Danach kommt der 8-mm-Bohrer an die Reihe. Doch bevor man die Platten durchbohrt, bringt eine Probebohrung Aufschluß über die Qualität unseres Bohrers. Das Loch muß genau 8,00 mm oder etwas kleiner sein, andernfalls würde das einzusetzende Stativ (3), eine 8-mm-Silberstahlwelle, in der Bohrung wackeln.

Die Montage ist einfach. Teil 1, 2 und 3 werden mit Spiritus oder Verdünnung entfettet und dann unter Zugabe von Schraubensicherungslack zusammengesteckt. Der Klebstoff braucht einen Augenblick bis er anzieht, genügend Zeit also, die Bauteile winklig auszurichten. Wer bereits Übung im Löten hat und der beschriebenen Befestigungsmethode nicht traut, kann die Teile natürlich auch weich miteinander verlöten.

Die aus Vierkantstahl anzufertigenden Teile der Klemme (4) sowie des Nadelhalters (5) sind ebenso einfach in der Herstellung.

Bevor sie auf das Stativ (3) geschoben werden, schraubt man die geköpfte Zylinderschraube (6) oder ein entsprechend langes Stück Gewindestange mit einem Tropfen Schraubensicherungslack zur Hälfte in die lange 4-mm-Bohrung von Teil 5 **(Bild 12)**. Der Durchmesser der Bohrung zur Aufnahme der Nadel in dieses Bauteil richtet sich nach dem maximalen Durchmesser des verwendeten Werkzeugs. Es ist empfehlenswert, eine abgewinkelte Anreißnadel einzusetzen, sie erleichtert später das Austasten niedriger Baugruppen. Ein Gewindestift M4 oder eine entsprechende Schraube hält die Nadel in der gewünschten Position.

Bild 12

Bild 13

Zur Montage steckt man Teil 5 mit der eingeklebten Schraube durch die 4-mm-Bohrung von Teil 4 und schiebt das Ganze auf das Stativ. Durch die Flügelmutter (8) wird die Klemme zusammengedrückt und hält so in der gewünschten Position am Stativ *(Bild 13)*.

5. Der Öl- und Wasserabscheider

Wenden wir uns nun zum ersten Mal der Planbeilage „Maschine" zu und beginnen mit dem einfachsten Objekt, dem Öl- und Wasserabscheider. Er wird zwischen der Maschine und dem Abdampfrohr im Schornstein installiert und fängt im Abdampf enthaltenes Öl-/Wassergemisch auf. Durch den Anschluß (31) strömt der Abdampf in den Behälter, wo er an den verhältnismäßig kühlen Wänden zum Teil kondensiert. Öl und Wasser sammeln sich am Boden, nicht vollständig kondensierter Dampf entweicht durch das dicke Rohr (32) und den Schornstein nach außen. Über den Anschluß (33) wird das Kondensat mit Hilfe einer Einwegspritze und aufgesetztem Silikonschlauch abgesaugt.

Im Grunde läßt sich jedes beliebige, einigermaßen hitzebeständige Gefäß für diesen Zweck nutzen. Kleine Gläser mit Schraubdeckel, in denen normalerweise Babynahrung abgefüllt ist, Marmeladengläser jeder Größe, aber auch RC-Flugzeugtanks sind verschiedentlich in Schiffsmodellen mit Dampfantrieb anzutreffen. Es gibt also keinen zwingenden Grund, solch ein Gefäß im Selbstbau anzufertigen, es sei denn, man legt Wert auf Äußerlichkeiten. Ohne Zweifel ist ein polierter oder lackierter Sammler gegenüber einem schmucklosen Einwegbehältnis ein hübsches Detail und Blickfang. Wir entscheiden uns also mehr aus optischen Gründen für den Selbstbau. An diesem Werkstück können wir zudem erstmals ein Gefühl für den Umgang mit dem Lötbrenner und für das Löten bekommen.

Die Stückliste sieht für den Mantel (28) ein Stück Kupferrohr vor. Kupfer ist ein guter Wärmeleiter. Ein Behälter aus diesem Werkstoff gibt die im Abdampf mitgeführte Wärme schnell über die Wände an die umgebende Luft ab, die Kondensation wird beschleunigt. Zudem ist Kupferrohr in den entsprechenden Abmessungen leicht, in den meisten Fällen sogar kostenlos zu beschaffen (vgl. Kapitel 3.2.). Aber natürlich kann der Sammler auch aus Messing gebaut werden.

Die vorgegebenen Maße müssen nicht genau eingehalten werden, ein um wenige Millimeter längeres oder dickeres Rohr hat keinen Einfluß auf die Funktionsfähigkeit. Es ist aber ratsam, das vorgegebene Volumen (ca. 35 cm^3) in etwa beizubehalten. Zwar wird der Sammler nach einer Kesselfüllung noch nicht einmal halb voll sein. Verringert man aber das Volumen, wird der aus der Maschine kommende Dampf die Flüssigkeitsoberfläche im Behälter stärker aufwühlen. Dabei kann etwas von dem Öl-/Wassergemisch durch Abdampfleitung und Schornstein mit hinausgerissen werden und auf dem Wasser unschöne Ölflecken verursachen. Und welcher Modellbauer will sich schon nachsagen lassen, ein Umweltsünder zu sein?

5.1. Der Behälter

In der Restekiste des örtlichen Installateurs findet sich sicherlich ein Reststück 28er Kupferrohr. Zunächst wird grob ein Stück mit der benötigten Länge plus ein paar Millimeter Übermaß abgeschnitten. Rohre gerade abzuschneiden ist eine Sache für sich. Der Fachmann setzt dazu einen Rohrschneider ein. Wir behelfen uns mit einem kleinen Trick und wickeln ein Blatt Papier mit seiner maschinengeschnittenen Kante entlang des geplanten Schnittes um das Rohr *(Bild 14)*. Die beiden Enden müssen dabei deckungsgleich aneinanderstoßen. Anschließend zeichnet man mit der Reißnadel oder einem spitzen Bleistift am Papier entlang.

Bild 14

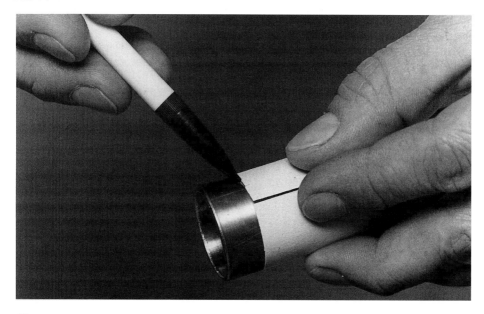

Wir spannen das Rohr nun zwischen zwei mit V-Nuten ausgerüsteten Alubacken in den Schraubstock. Aber Vorsicht, nicht zu fest anziehen, Kupfer ist ein sehr weicher, leicht verformbarer Werkstoff! Sägt man nun am Strich entlang (das Bauteil von Zeit zu Zeit im Schraubstock drehen!), wird man am Ende erstaunt feststellen, wie gerade der Schnitt gelungen ist. Zur Kontrolle stellen wir Rohr und Anschlagwinkel nebeneinander auf die Glasplatte. Die Qualität der Arbeit wird sichtbar, wenn man das Rohr um seine senkrechte Achse dicht am Winkel vorbeidreht. Drückt es dabei gegen den Anschlag und zeigt nach einer weiteren halben Umdrehung wieder von ihm weg, ist das Rohrende schief, und wir müssen mit der Feile nacharbeiten.

Die Kanten werden nach dem Feilen entgratet und das Bauteil einer erneuten Prüfung unterzogen. Jetzt sollte es, nacheinander auf beide Enden gestellt, vollkommen senkrecht stehen. Die Stirnseiten müssen rundum mit der Glasplatte Kontakt haben, nirgends darf sich eine Lücke zeigen. Nur so vermeidet man bei der Montage übermäßigen Gebrauch von Lötzinn und etwaige Dichtigkeitsprobleme.

Den Punkt, an dem das 4-mm-Loch für den Einlaßstutzen (31) zu bohren ist, reißen wir mit dem Parallelanreißer an. Dazu muß die Nadel zunächst auf das erforderliche Maß eingestellt werden. Jeder Modellbauer wird irgendwo einen ausgedienten oder nicht mehr ganz fitten Bleiakku herumstehen haben, der jetzt zu neuen Ehren gelangt. Mit ein paar Streifen Klebeband fixieren wir das Stahllineal senkrechtstehend gegen den Akku, fertig ist unser Höhenmaß. Die Spitze der Anreißnadel führt man gegen den stehenden Maßstab und justiert die gewünschte Höhe ein. Die Klemme wird handfest gezogen, danach die Einstellung nochmals kontrolliert, denn beim Festziehen verstellt sich die Nadel meist wieder geringfügig.

Zwischenzeitlich haben wir bereits das untere Drittel des Rohres geschwärzt und können das vorgegebene Maß von 12 mm über der Glasplatte anreißen. Anschließend wird das Rohr waagerecht gelegt und dabei gegen den Akku gehalten. Mit gleicher Höheneinstellung reißt man eine weitere Linie parallel zur Längsachse an, welche die vorherige im Bohrpunkt kreuzt. Natürlich kann der Punkt mit dem Stahllineal schneller angerissen werden. Später müssen wir aber auf beschriebene, wesentlich genauere Art des Anreißens zurückgreifen, also warum nicht schon mal an einem unkritischen Bauteil üben.

Das Ankörnen muß gefühlvoll erfolgen, damit das weiche Kupfer nicht eingedellt wird. Sinnvollerweise schiebt man dazu das Kupferrohr über ein im Schraubstock gespanntes Rundmaterial (z.B. Besenstiel).

Kupfer ist schwierig zu bohren. Eine zu hohe Drehzahl und zu viel Vorschub läßt den Bohrer schnell festsitzen, das Werkstück reißt aus der Spannvorrichtung und wird sich zu allem Übel auch noch verformen. Die Bohrmaschine ist deshalb auf eine niedrigere Drehzahl einzustellen (vgl. **Anhang 1**, Tabelle 2). Natürlich bohren wir das im Maschinenschraubstock gespannte Werkstück wieder vor (2 mm ist o.k.) und erreichen erst im zweiten Gang das Nennmaß von 4 mm.

5.2. Boden und Deckel

Kupferblechreste in allen Stärken finden sich in der Restekiste einer Dachdeckerei. Also beschafft man sich ein paar Abfallstückchen, und schon kann das Gefäß zusammengelötet werden. Alternativ kann auch 0,8-mm-Messingblech verwendet werden.

Bleche dieser Stärke lassen sich problemlos mit der Blechschere, bedingt auch mit einer kräftigen Haushaltsschere schneiden. Mit der in den meisten Werkstätten vorhandenen Laubsäge oder einer Dekupiersäge unter Verwendung eines Metallsägeblattes und mit ein paar Tropfen Öl als Schneidemulsion kommt man auch ans Ziel.

Die quadratisch zugeschnittenen Bleche werden auf die nun schon bekannte Weise geschwärzt und angerissen. Durch zwei sich kreuzende Diagonalen markieren wir den Mittelpunkt und setzen mit einem zarten Schlag einen Körnerpunkt. Vorsicht! Nicht zu stark auf den Körner einschlagen, schnell hat man ein Loch in das Kupfer getrieben! Wir reißen nun um den Mittelpunkt einen Kreis mit einem Durchmesser von 30 mm an. Er hilft uns später, den Mantel zu zentrieren.

Beide Platten müssen vor der Montage gebohrt werden, wozu wir erstmals unsere Klemmplatte einsetzen. Um sie vor Beschädigungen zu schützen, legt man ein Stück Sperrholz unter das jeweilige Blech und spannt beides zusammen gut fest **(Bild 15)**. Das Werkstück läßt sich jetzt mitsamt der Klemmplatte sicher führen und halten.

Bild 15

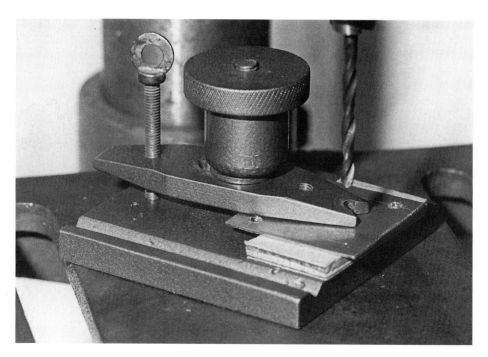

Zuletzt längt man die Rohre 31 bis 33 entsprechend der Zeichnung ab. Auch hier gelten die Maße wieder nur als Richtwerte.

Vor dem Verlöten stecken wir die Rohre in ihre Bohrungen. Sie sollten klemmend halten, nicht klappern oder gar von allein durchfallen. Sind die Bohrungen ein wenig zu groß geraten, kann man das Metall mit leichten Hammerschlägen soweit stauchen, bis die Rohre stramm in den Bohrungen sitzen.

5.3. Löten

Grundvoraussetzung für dichte und haltbare Lötnähte sind absolut saubere und vor allem fettfreie Bauteile. Deshalb werden die einzelnen Teile zunächst mit Stahlwolle gesäubert und anschließend mit Brennspiritus oder Verdünnung entfettet.

Als erstes wollen wir den Boden verlöten. Dazu wird das Bodenblech auf einen Schamottstein gelegt und das Rohr mittig in den angerissenen Kreis gestellt. Am besten verwendet man dazu eine Zange, sonst fetten die Teile durch Hautfett gleich wieder ein. Wir geben Lötwasser mit einem Pinsel oder einem Holzspan an die Nahtstelle und achten darauf, das es rundherum zwischen die zu verlötenden Teile fließt. Aber Vorsicht! Zuviel Lötwasser läßt Zinn überall dorthin fließen, wo die Säure zuvor schon war. Für den Sammler ist das zwar kein besonderes Problem, später, beim Bau der Maschine, wird es aber darauf ankommen, das Lot möglichst gezielt fließen zu lassen. Deshalb wollen wir bereits jetzt versuchen, mit möglichst wenig Flußmittel ein optimales Ergebnis zu erzielen.

Mit dem 14-mm-Punktbrenner erwärmen wir beide Teile gleichmäßig. Damit das Blech nicht schneller heiß wird als das in der Oberfläche viel größere Rohr, wedeln wir mit der Flamme um das untere Drittel des Rohres herum. Sie schlägt auf das Metall und entweicht dann in alle Richtungen, für das Blech bleibt noch genug Wärme übrig *(Bild 16)*.

Bild 16

Bild 17

Es gilt der Grundsatz:
Das Lot muß durch die Hitze des Bauteils schmelzen, nicht durch die Flamme!

Wir entfernen die Flamme kurzzeitig und halten das Lot gegen die Nahtstelle. Ist das Metall heiß genug, beginnt es sofort zu fließen und verteilt sich blitzschnell überall dorthin, wo zuvor das Lötwasser entlanggelaufen ist. Noch einmal wedelt man mit der Flamme über die Naht, damit das Lot auch wirklich in alle Ecken und Winkel fließen kann – fertig. Das Bauteil muß nun unbewegt abkühlen. Pause!

Analog verfahren wir mit dem Deckel, der natürlich sorgfältig ausgerichtet wird, damit das Abdampfrohr später auch schön in der Mitte steht. Das Erwärmen muß besonders vorsichtig erfolgen, damit das gesamte Bauteil nicht zu heiß und das Lot am Bodenblech wieder flüssig wird. Aber selbst wenn das geschieht, hat es keine Auswirkungen, solange man die Bodenplatte nicht verschiebt *(Bild 17)*.

Nach vollständigem Abkühlen wird der Behälter in einem Topf mit Wasser abgewaschen und mit Stahlwolle oder einer Drahtbüste von Flußmittelrückständen befreit.

Jetzt passen wir die Rohre 31 bis 33 ein und legen alles, wie in **Bild 18** zu erkennen, wieder auf den Schamottstein. Einen Tropfen Lötwasser an jede Nahtstelle gegeben, jedes Rohr für sich vorsichtig mit dem Punktbrenner erwärmt, kurz mit dem Lötzinn gegen die Nahtstelle getippt, fertig sind unsere Lötnähte. Wer sich eine derart vorsichtige Erwärmung noch nicht zutraut und befürchtet, die Deckel könnten sich wieder vom Mantel lösen oder verschieben, fixiert beides durch einen Drahtwickel.

Bild 18

Zum Schluß wird der Überstand des oberen Deckels abgeschnitten und bündig mit dem Rohr verschliffen. Nur noch säubern, putzen und polieren, dann ist der Öl- und Wasserabscheider fertig.

Wer mag, kann etwas mehr Aufwand treiben und das Abdampfrohr, wie in **Bild 19** links zu erkennen, aus einem längeren Stück 6-mm-Kupferrohr biegen. So läßt sich der Sammler mit einem kurzen Stück Silikonschlauch fest mit dem Schornstein verbinden, was zwar keinen besonderen Nutzen, bestimmt aber eine optische Aufwertung bringt. Für den Betrieb ist es unerheblich, ob der Sammler über ein Rohr oder ein Stück längeren Silikonschlauch mit dem Schornstein verbunden ist.

Bild 19

6. Der Kessel

6.1. Ein paar Vorbemerkungen

Wer schon einmal einen ausgewachsenen Modelldampfkessel gesehen oder in der Hand gehabt hat, wird sich beim Anblick der Planbeilage „Kessel" fragen: Schafft der Winzling es überhaupt, eine Maschine anzutreiben? Zweifel an der Leistungsfähigkeit sind aber unbegründet! Eingebettet in einem Kesselhaus umströmen ihn Flamme und heiße Rauchgase vollständig, womit nahezu die gesamte Oberfläche des Boilers als Heizfläche anzusehen ist. Drei Wasserrohre (Siederohre) sorgen zudem für kurze Aufheizzeiten und eine schnelle Verdampfung. Schon mit Festbrennstoff wie Esbit wird ausreichend Druck im Kessel aufgebaut, um unser Aggregat munter anzutreiben. Diese unter Dampffreunden nicht gerade beliebte Befeuerungsart ist aber gerade für Einsteiger die am einfachsten zu handhabende, sicherste und preisgünstigste. Eine Gasanlage nebst notwendigem Zubehör ist um ein Vielfaches teurer. Dem Einsteiger sei daher empfohlen, den Kessel zunächst nach den Planvorgaben in der mit Festbrennstoff befeuerten Grundversion zu bauen. Hat er dann Erfahrungen im Umgang mit Feuer und Dampf gesammelt, läßt sich die einfache Version durch wenige Änderungen immer noch auf Gasbefeuerung umrüsten. (Näheres dazu in Kapitel 11.2., Brenner und Brennstoffe.)

6.2. Vorbereitung der Kesselböden

Beginnen wir den Bau des Kessels mit der Vorbereitung der Kesselböden, die als Fertigteile bezogen wurden. Zunächst ist im Mittelpunkt eines jeden Bodens eine Bohrung einzubringen. Durch sie führt später der Kesselanker. Derartige Verstärkungen findet man vornehmlich in großen Kesseln mit planen Böden. Sie sollen die gegenüber dem radialen Druck deutlich größeren axialen Kräfte im Kessel abfangen. In unserem Fall wären sie wegen der gewölbten Form der Böden und des geringen Betriebsdrucks eigentlich nicht nötig, erleichtern aber die Befestigung und das Ausrichten im Kesselhaus.

Die Bohrungen werden mit Hilfe des Stechzirkels angerissen. Aus der Schule ist sicher noch bekannt, wie man den Mittelpunkt eines Kreises findet. Wir erinnern uns: Man schlägt von einem beliebigen Punkt des Kreises aus einen Kreisbogen mit einem Radius, der ein wenig größer ist als der unseres Kesselbodens. Selbstverständlich muß der Zirkel so weit wie möglich am Rand des Bodens angesetzt werden, oder, noch besser, man hält den betreffenden Schenkel mit dem Daumen gegen die Außenseite gedrückt. Wir schlagen nun einen Kreisbogen und wiederholen den Vorgang anschließend von der gegenüberliegenden Seite. Beide Kreisbögen schneiden sich zweimal. Die Schnittpunkte werden verbunden. Die Prozedur wird von einer beliebigen anderen Stelle des Kreises aus wiederholt. Wieder gibt es zwei Schnittpunkte, die durch eine Linie verbunden werden. Beide Linien schneiden sich im Mittelpunkt unseres Kesselbodens.

Während ein Boden jetzt bereits gekörnt und gebohrt werden kann, ist auf dem zweiten noch der Punkt für die 10-mm-Bohrung anzureißen. Sie nimmt später einen Einlötring auf, der als Füllstandsanzeige dienen wird. Hohe Genauigkeit ist hier

Zeichnung 10

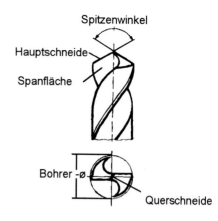

nicht gefordert, weshalb die 13 mm vom Mittelpunkt aus mit dem Stahllineal abgetragen werden können.

Während das 3-mm-Loch im Mittelpunkt unproblematisch zu bohren ist, verlangt die 10-mm-Bohrung etwas mehr Aufmerksamkeit. Zunächst muß das Werkstück zusammen mit einer Unterlage (Sperrholzrest etc.) so im Maschinenschraubstock gespannt werden, daß die Fläche der zukünftigen Bohrung horizontal zur Bohrachse liegt. Ist das nicht der Fall, würde der Bohrer mit seiner Hauptschneide seitlich vom angekörnten Punkt in das Material fassen und dabei auswandern.

Bohrungen mit derart großem Durchmesser bohrt man vor, das dürfte bekannt sein.

Es gilt die Regel: *Der Durchmesser des Vorbohrers entspricht in etwa der Breite der Querschneide.* **(Zeichnung 10)** Wir messen die Querschneide unseres 10-mm-Bohrers nach und ermitteln eine Breite von ca. 2 mm. Damit der 10er Bohrer ein wenig in das vorgebohrte Loch einsinkt und die Hauptschneide an den Rändern gute Führung findet, bohren wir großzügig mit 4 mm vor. Nach dem Vorbohren ist die Bohrmaschine auf ca. 600 Upm einzustellen (vgl. Tabelle 2, **Anhang 1**), anschließend kann mit wenig Vorschub auf das endgültige Maß erweitert werden.

Nach dem Entgraten der Bohrungen sind die Kesselböden fertig.

6.3. Der Kesselmantel

Den Kesselmantel haben wir bereits in der entsprechenden Länge bezogen oder dem Materialsatz entnommen, so daß die Enden winklig sein dürften. Reißen wir also gleich die Bohrungen zur Aufnahme der beiden Einlötringe an.

Das Bohren des Kesselmantels erfordert unsere ganze Aufmerksamkeit. Das korrekte Spannen des Mantels mit den vorhandenen Gerätschaften ist problematisch. Wir legen das Rohr in den Maschinenschraubstock, damit ist schon mal ein seitlicher Halt gegeben. Da er aber das Rohr unterhalb der Mitte faßt, kann es nach oben entweichen. Wer geübt ist, wird das Rohr beim Bohren mit der Hand herunterdrücken. Aber Vorsicht! Auf keinen Fall dabei Handschuhe tragen oder gar einen Lappen zum Halten benutzen! *Verletzungsgefahr!!* Besser ist es, wenn man durch das im Maschinenschraubstock gehaltene Rohr eine stabile Holzleiste (Dachlatte o.ä.) steckt und diese mit zwei Schraubzwingen am Bohrtisch fixiert. Natürlich muß das Bauteil zuvor unter dem Bohrer korrekt ausgerichtet sein.

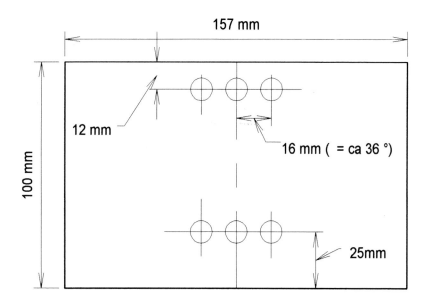

Zeichnung 11: Schablone zum Einbringen der Bohrungen für die Wasserrohre

Das Bohren großer Durchmesser auf rundem Untergrund haben wir an den Kesselböden schon geübt, also los geht's, mit niedriger Drehzahl und wenig Vorschub.

Als nächstes sind die Bohrungen zur Aufnahme der Wasserrohre anzureißen. Sie sollten den zuvor gebohrten möglichst genau gegenüberliegen. Am einfachsten geht es, wenn man einen ähnlichen Papiertrick einsetzt, wie wir ihn schon vom Ablängen des Öl- und Wasserabscheiders her kennen. Dazu schneidet man einen Bogen Papier auf das Maß 157 x 100 mm zurecht, halbiert die lange Seite und erhält so die Mittellinie, von der aus jeweils nach links und rechts 1/10 des Kesselumfangs (36°), also rund 16 mm abzutragen sind. Auf diesen drei Linien liegen die Bohrpunkte für die Wasserrohre. Jetzt braucht man nur noch die Entfernung der Punkte von den langen Seiten aus abzutragen, fertig ist unsere Bohrschablone. Legt man das Blatt so um den Kessel, daß die aneinanderstoßenden Kanten genau mittig über den zuvor eingebrachten Bohrungen zu liegen kommen und fixiert es in dieser Position, können die Punkte durch das Papier hindurch angekörnt werden. Einfacher und genauer geht's kaum (vgl. ***Zeichnung 11***).

Die später ovalen Löcher werden zunächst auch mit 6 mm im Mittelpunkt gebohrt und erst nach Fertigstellung der Wasserrohre mit der Rundfeile erweitert.

6.4. Die Wasserrohre

Der erste Blick auf die Zeichnung läßt vermuten, das Biegen der Wasserrohre sei eine komplizierte Sache. Keineswegs. Damit die drei Rohre schön gleichmäßig

Bild 20

werden, brauchen wir wieder eine Schablone. Aus der Zeichnung kopieren wir die dem Kessel zugewandte innere Kontur von Teil 4 auf ein Stück Sperrholz von mindestens 6 mm Dicke, sägen es aus und schrauben es auf ein Reststück Spanplatte oder ähnlich stabiles Material. **Bild 20** zeigt, wie unsere Biegevorrichtung aussehen soll.

Wer ein längeres Stück 6-mm-Kupferrohr in einer Restekiste finden konnte, schneidet jetzt ein Stück von ca. 30 cm ab und legt es auf Schamottsteine. Mit dem 22-mm-Brenner und kräftiger Flamme erhitzen wir ein etwa 10 cm langes Stück am Ende des Rohres so lange, bis es hellrot glüht. Reduziert man das Licht am Arbeitsplatz, läßt sich die Farbe des glühenden Rohres besser beurteilen. Keine Angst, im Gegensatz zu Messing kann Kupfer nicht verbrennen. Sobald das Rohr auf der angegebenen Länge einmal hellrot geglüht hat, drehen wir die Gaszufuhr des Brenners ab und lassen die Flamme ausbrennen. (Nicht ausblasen! Unverbranntes Gas sammelt sich am Boden des Werkraumes!) Das nun schwarze Rohr kühlt unter leichtem Knistern ab. Nach ein paar Minuten ist das Geräusch verschwunden, genau der richtige Zeitpunkt, um das ausgeglühte Ende in einem Topf mit Wasser vollständig abzukühlen. *Vorsicht!* Kupfer ist ein guter Wärmeleiter. Das Rohr ist auch an dem Ende, an dem es nicht geglüht hat, sehr heiß, also nur mit der Zange anfassen!

Nach dem Abkühlen ziehen wir es ein paarmal durch feines Schleifleinen oder Stahlwolle, bis es wieder glänzt. **Bild 20** zeigt, wie das ausgeglühte Rohr in der Schablone gebogen wird. Durch die Länge des Materials hat man einen guten Hebelarm. Das ausgeglühte, jetzt sehr weiche Rohr läßt sich problemlos um die Holzform ziehen. Dabei erhält es einen Teil seiner ursprünglichen Härte zurück, was wir deutlich spüren, wenn wir das gebogene Rohr nachträglich korrigieren wollen. In solch einem Fall hilft nur erneutes Ausglühen.

Das gebogene Rohr wird entsprechend der Zeichnung zuzüglich ein paar Millimeter Übermaß abgeschnitten, innen und außen entgratet, fertig. Dieser Herstellungsprozeß wiederholt sich noch zweimal: Ausglühen – Abkühlen – Biegen – Ablängen – Entgraten, dann sind die Wasserrohre einbaufertig.

Die endbearbeiteten Rohre stecken wir mit dem (im Plan) rechten Ende in die vorgesehene Bohrung des Kessels. Das linke liegt dabei auf dem Mantel auf, die Konturen des ovalen Lochs können jetzt grob angezeichnet werden *(Bild 21)*. Da das Rohrende später ein wenig durch die Öffnung in den Kessel hineinreicht, verschiebt sich die Berührungsfläche zwischen Kessel und Rohr noch etwas zur Mitte. Also aufgepaßt, die Öffnung darf mit der Rundfeile nur sehr vorsichtig auf Maß gebracht werden. Die angezeichneten Konturen dienen ausschließlich der Orientierung, ständig ist zu prüfen, ob das Wasserrohr noch stramm hineinpaßt. Ist die Öffnung zu groß, halten die Rohre beim Löten nicht sicher in der vorgesehenen Position. Außerdem verbrauchen zu große Spalten viel Lötzinn, im Extremfall wird das Lot einfach durchlaufen und die Lücke nicht vollständig schließen, der Kessel wird undicht.

Die drei Wasserrohre sollen letztlich etwa 1 bis 2 mm in den Kessel hineinragen und ohne jegliche Unterstützung halten. Haben wir dieses Ziel erreicht, ist das Schlimmste am Kesselbau überstanden.

Der Kesselanker (Teil 5), ein Stück M3-Gewindestange, wird entsprechend den Planvorgaben abgelängt, dann sind alle Kesselteile fertig für den ersten Zusammenbau. Die Seitenansicht auf dem Plan zeigt, wo welches Teil hingehört. Wichtig ist die korrekte Position der Wasserrohre, deren tiefster Teil fast genau unter dem Schornstein, also von der Feuertür aus gesehen im hinteren Drittel des Kesselhauses sitzen soll. Hier ist die Flamme am größten und damit auch die Hitze.

Bild 21

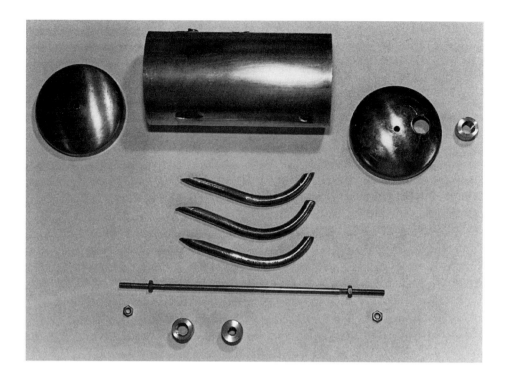

Bild 22

Der Kesselboden mit der Bohrung für den Wasserstandsanzeiger kann auch über der Feuertür sitzen. In der Praxis hat sich aber gezeigt, wie unschön es sein kann, wenn beim Befüllen Wasser aus dem Füllstandsrohr am Kesselhaus hinunter in die Brennerschale tropft.

Wenn alles paßt, Wasserrohre und Einlötringe stramm in ihren Bohrungen halten, nehmen wir die Teile wieder auseinander und sortieren sie wie auf **Bild 22** zu sehen. Jetzt kann gelötet werden.

6.5. Kessel löten

Ganz offensichtlich sind die Lötarbeiten an einem Kessel für viele Modellbauer der Hauptgrund, lieber auf ein Fertigprodukt zurückzugreifen. Ab einer bestimmten Größe und einem geplanten Betriebsdruck über 3 bar kann das durchaus sinnvoll sein. Kleinere Kessel lassen sich allerdings recht problemlos löten, wenn man die Grundregeln beachtet.

Regel Nr. 1: **Die zu verlötenden Teile müssen metallisch blank, absolut sauber und fettfrei sein.**

Regel Nr. 2: **Das zu verlötende Material muß das Lot schmelzen, nicht die Flamme.**

Also fangen wir an, Schritt für Schritt.

Bild 23

Aus vier Schamottsteinen errichten wir auf dem Werktisch einen kleinen „Ofen" nach dem Vorbild von **Bild 23**. Er ist an zwei Seiten durch senkrecht gestellte Steine geschlossen, auch eine große Flamme schlägt nicht über die Arbeitsfläche hinaus, die Wärme bleibt im Arbeitsbereich. Von vorn und von rechts ist er dagegen offen, damit man ausreichend Bewegungsfreiheit für den Lötbrenner hat. (Linkshänder bauen den Ofen natürlich genau andersherum auf.) Beginnen wir mit dem Einlöten des Einlötrings (6) in den Kesselboden (2). Beide Teile werden mit Stahlwolle gereinigt. Es klingt vielleicht etwas merkwürdig, wenn an dieser Stelle angeraten wird, sich die Hände zuvor gründlich, am besten mit Handwaschpaste zu reinigen. Schmutzige Finger, ja selbst natürliches Hautfett, können den Lötvorgang beeinträchtigen. Wer ganz sicher gehen will, wischt die Bauteile zusätzlich mit einem sauberen Lappen und etwas Brennspiritus ab, setzt sie zusammen (möglichst ohne sie dabei wieder mit den bloßen Fingern zu berühren) und plaziert sie dann auf den Schamottsteinen.

Wir zünden den 22-mm-Brenner und erwärmen das Bauteil rund um den Einlötring. Nicht vergessen, immer schön mit der Flamme wedeln, sie niemals länger auf einer Stelle halten. Messing kann verbrennen, besonders dünnes Blech und Fittings wie unsere Einlötringe schmelzen schnell dahin. Bei gedimmtem Licht ist gut zu erkennen, wie der Einlötring und das Blech des Bodens erst dunkelrot, dann immer hellroter werden. Jetzt ist es Zeit, das flußmittelummantelte Silberhartlot zur Hand zu nehmen. Die Flamme wird ein wenig von der Lötnaht entfernt. Unser Metall ist nun heiß genug, die Temperatur des Materials muß nur noch gehalten werden. Also bleibt die Flamme in der Nähe und huscht nur hin und wieder kurz über die zu verlötenden Teile. Wir halten das Silberlot an die Lötnaht. Wenn die Temperatur stimmt, schmilzt die gelblichweiße matte Ummantelung und fließt blitzschnell um den Einlötring. Wir ziehen den Stab zurück und beobachten, wie das Flußmittel kurz „aufkocht", um gleich darauf hier und da eine weiße Kruste zu bilden. Wenn die Naht wieder trocken aussieht, ist der Moment gekommen, das nun vom Flußmittel befreite Lot gegen die hellrot glühenden Teile zu halten. Achtung! Silberhartlot ist sehr sparsam im Verbrauch. Es fließt viel schneller als Weichlot. Kurz gegen die Nahtstelle getippt, schon ist das Lot geschmolzen und in alle Fugen gelaufen. Noch einmal wedeln wir mit der Flamme über die Teile, damit das Lot auch wirklich überall hinkommt. Ob die Naht dicht ist, läßt sich im Moment kaum beurteilen, denn durch Flußmittelrückstände sieht die Oberfläche des Bodens jetzt recht chaotisch aus.

6.5.1. Reinigung verlöteter Bauteile

Nach dem Abkühlen waschen wir das Bauteil in klarem Wasser. An dem merkwürdigen Aussehen ändert das allerdings nicht viel, hier müssen härtere Maßnahmen greifen. Die Rückstände lassen sich nur in einem sauren Bad entfernen. Hier ein paar Rezepte:

1.) Batteriesäure, wie sie gebrauchsfertig verdünnt in Tankstellen oder KFZ-Abteilungen von SB-Märkten zu beziehen ist, wird in ein großes Glas gefüllt und das Bauteil darin gut 10 Minuten „eingeweicht". Anschließend in klarem Wasser gründlich abspülen.

2.) Essigessenz und Wasser werden im Verhältnis 1:5 gemischt und auf ca. 50 °C erwärmt. Das Bauteil wird darin mit einer Handwaschbürste abgeschrubbt.

Im Anschluß an das aggressive Bad und einen letzten Spülgang in klarem Wasser schrubbt man die Flußmittelreste mit einer Drahtbürste ab. Besonders einfach geht das, wenn man eine Bürste zum Einsatz in Bohrmaschinen verwendet. Mit niedriger Drehzahl und etwas Druck gegen die Bürste wird das Bauteil wieder blitzsauber.

Etwaigen kleinen schwarzen Punkten im Lot schenken wir besondere Aufmerksamkeit. Im günstigsten Fall handelt es sich um eingeschlossene Reste vom Flußmittel, die sich meist mit einer Nadel entfernen lassen. Ungünstig, wenn diese Punkte winzige kapillare Kanäle sind, die sich u.U. durch die gesamte Naht ziehen. An dieser Stelle wird die Naht später höchstwahrscheinlich nicht dicht sein.

6.5.2. Einlöten der Wasserrohre

Im Grunde wiederholt sich von nun an der oben beschriebene Arbeitsgang bei jedem neu am Kessel zu verlötenden Bauteil.

Kesselmantel und Wasserrohre werden gereinigt und zusammengefügt, bevor wir sie mit laut fauchender kräftiger Flamme erwärmen. Dabei ist es ratsam, zunächst nur eine Seite, also den Bereich dreier nebeneinanderliegender Rohrenden zu erhitzen und sie zu verlöten. Im zweiten Arbeitsgang folgt dann die gegenüberliegende Seite. Besondere Aufmerksamkeit erfordert der schwer zugängliche Bereich

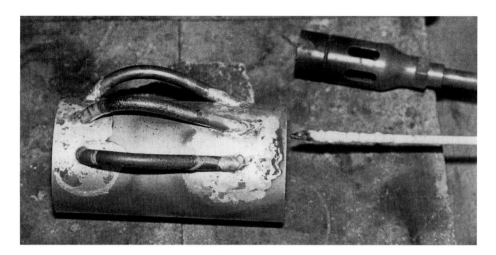

Bild 24

zwischen den flachen Enden der Wasserrohre und dem Kesselmantel. Hierhin läuft das Lot nur schwer, denn die dicht über dem Mantel verlaufenden Rohre schirmen die Flamme ab, es wird dort nicht heiß genug. Der Brenner ist deshalb seitlich zu halten, so daß die Flamme abwechselnd von links und rechts unter die Rohre gelangen kann. Hat der gesamte Bereich die bekannte hellrote Farbe angenommen, geben wir großzügig Silberlot dazu und sorgen mit bewegter Flamme für gutes Verlaufen.

Der beschriebene Arbeitsablauf wiederholt sich auf der anderen Seite des Kessels.

Jeder Modellbauer kennt folgenden Fall: Gerade hat man ein Bauteil weich verlötet und wendet sich dem nächsten, gleich nebenan zu, da wird das erste so warm, daß alles wieder auseinanderfällt. Haltevorrichtungen, Kühlklemmen, nasses Papier oder ähnliches muß eingesetzt werden, um die entstehende Wärme von älteren Nähten fernzuhalten. Das Problem gibt es beim Hartlöten nicht. Nur unter direkter Flammeneinwirkung bekommt man das Lot einer Naht wieder flüssig. Also keine Bange, die zuvor verlöteten Enden der Wasserrohre werden sich von den Lötarbeiten an ihrem anderen Ende völlig unbeeindruckt zeigen.

Sind alle sechs Rohrenden mit dem Kesselmantel verlötet **(Bild 24)**, wird das Bauteil auf bekannte Weise gereinigt und kontrolliert. Bevor wir eventuell unsichere Stellen noch einmal nachlöten, untersuchen wir die im Kessel liegenden Lötnähte von allen Seiten sehr genau. Während man außen liegende Lötnähte später zu jeder Zeit nacharbeiten kann, müssen die inneren bereits jetzt optimal sein, spätere Korrekturen sind unmöglich.

Bestehen Zweifel an der Dichtigkeit dieser sechs Nähte, wird nachgelötet. Wir beachten wieder Regel Nr. 1: *Die zu verlötenden Teile müssen metallisch blank, absolut sauber und fettfrei sein*. Das gilt jetzt auch für die Naht. Flußmittelrückstände im Silberlot machen uns das Leben schwer, denn wo sie einmal sitzen, läuft kein Lot hin. Also zur Sicherheit noch einmal gegen die rotierende Drahtbürste halten und erst dann nachlöten.

Bild 25

Entspricht das Ergebnis **Bild 25**, werden als nächstes die Einlötringe (6) in den Kesselmantel eingelötet.

Nun wird's endgültig! Die Einlötringe sind fest, der Kesselmantel erneut gereinigt und die Nähte nochmals geprüft. Alles o.k.? Dann können wir Kesselböden und Anker entsprechend der Seitenansicht montieren und mit dem Mantel zusammenfügen. Dabei ist genau zu kontrollieren, ob der Anschluß des Füllstandsanzeigers auch mit den Einlötringen fluchtet. Wenn nicht, gibt's später beim Einbau in das Kesselhaus Probleme.

Zum Löten stellen wir den montierten Kessel, wie in **Bild 26** zu sehen, senkrecht in die Ecke des Ofens. Die Flamme erwärmt Kessel und Steine, ein hübsch heißes Plätzchen, das den Kessel auch von der Rückseite gut vorwärmt. Zudem erlaubt diese Position dem Lot, bestens in die Fugen einzudringen. Die empfindlichen Enden des Kesselankers liegen gut geschützt zwischen den Steinen. Während wir den unteren Boden verlöten, muß der Kessel natürlich gedreht werden. Ist der halbe Umfang verlötet, greift man mit einer Kombizange das obere Ende des Ankers und dreht den heißen Kessel sicher wie einen Fleischspieß auf dem Grill. Anschließend stellt man den Kandidaten auf den Kopf und verlötet den zweiten Boden.

Bild 26

Bild 27

Eigentlich wären jetzt nur noch Muttern und Gewindestange mit dem jeweiligen Kesselboden hart zu verlöten. Allerdings ist das eine sehr knifflige Angelegenheit, allzu schnell verbrennt die dünne M3-Gewindestange. Die wichtigsten Teile des Kessels haben wir hart verlötet, sie werden dem Druck im Inneren problemlos standhalten. Sind die Muttern gut festgezogen, verschließen wir etwaige Undichtigkeiten an diesen beiden Stellen mit ein wenig Weichlot dampfdicht ab, das geht leichter und reicht völlig aus *(Bild 27)*.

Hat alles geklappt? Na dann – herzlichen Glückwunsch zum (möglicherweise) ersten vollständig selbstgebauten Modell-Dampfkessel!

6.6. Die Druckprobe

Ob wir gut gearbeitet haben, zeigt sich jetzt. Die Druckprobe steht an, die uns unmißverständlich darüber Auskunft geben wird, ob der Boiler dicht ist oder nicht. Sie ist unerläßlicher Bestandteil des Kesselbaus und muß gemäß der Technischen Regel für Dampfkessel (TRD) 801 sowie der Dampfkesselverordnung von jedem durchgeführt werden, der einen Kessel gebaut hat. (Näheres über gesetzliche Auflagen siehe *Anhang 4*.) Wenden wir uns der Praxis zu.

Wie so oft gibt es eine ganze Reihe von Möglichkeiten, die Druckprobe durchzuführen. Allen gemeinsam ist eine Grundregel:
Die Druckprobe darf nur mit Wasserdruck erfolgen!

Ein vollständig mit Wasser gefüllter Kessel verliert seinen Druck an einer schadhaften Stelle nur langsam. Wasser tritt aus, im feinen Strahl oder als Tropfen, weiter passiert nichts. Komprimierte Luft würde dagegen an einer schadhaften Stelle schlagartig austreten, der Kessel würde explodieren.

Doch zurück zu den verschiedenen Möglichkeiten. Profis benutzen eine spezielle Pumpe, um im Kessel einen Wasserdruck zu erzeugen. Einfacher geht es, wenn man den Druck der Wasserleitung bei sich zu Hause zum Testen nutzt. Beide Verfahren sind relativ aufwendig, eine Reihe von Anschlüssen, Übergangsstücke und ein Absperrventil sind dazu nötig. Wir gehen den einfachsten und zugleich preisgünstigsten Weg und nutzen die physikalische Tatsache, daß Wasser mit zunehmender Wärme sein Volumen vergrößert.

Fangen wir an und füllen den Kessel am besten per Spritzflasche mit sauberem Wasser. Bald tritt es aus allen Öffnungen aus, der Kessel scheint voll zu sein, also verschließen wir zwei Einlötringe mit den Verschlußstopfen (9) und schrauben in den dritten, wie in **Bild 28** zu sehen, das Manometer. Jetzt das Ganze einmal kräftig schütteln und ... im Kessel gluckert es fröhlich, weil Luft aus den Wasserrohren entwichen ist. Der Kessel ist nicht voll!

Also Verschraubungen öffnen, Luft entweichen lassen und Wasser nachfüllen, alles wieder verschließen und erneut kräftig schütteln. Kein noch so schwaches Gluckern darf mehr zu hören sein. Zur Sicherheit öffnen wir noch einmal die Füllstandsschraube am jetzt senkrecht gehaltenen Kessel, geben noch ein paar Tropfen Wasser hinzu und schließen sie wieder. Die Anzeige des Manometers

Bild 28

steigt jetzt auf ca. 0,4 bar, denn das Wasser im Kessel versucht, dem eingeschraubten Verschluß auszuweichen. Jetzt ist der Kessel richtig voll. Anschließend zieht man alle Verschlüsse noch einmal nach und trocknet den Kessel sorgfältig mit einem sauberen Lappen ab. Der Zeitpunkt ist gekommen, Ehefrau oder Freundin (Ehemann oder Freund?!), einen Modellbaukollegen oder Bekannten zur Druckprobe einzuladen, denn sie oder er soll später schriftlich bezeugen, daß diese korrekt und erfolgreich durchgeführt wurde.

Der vorbereite Prüfling wird auf unseren Ofen gelegt, der 22-mm-Brenner gezündet und auf schwache Flamme eingeregelt. Vorsichtig erwärmen wir den Kessel, bis das Manometer ca. 1,5 bis 2 bar anzeigt. Dann muß die Flamme zum ersten Mal entfernt werden. Die im Kesselmaterial gespeicherte Wärme wird jetzt zum Teil an das Wasser abgegeben, es erwärmt sich weiter und dehnt sich aus, wodurch der Druck im Behälter auch ohne Flammeneinwirkung weiter steigt. Von jetzt an geben wir nur hin und wieder etwas Feuer dazu, bis das Manometer 3 bar zeigt.

Die Regel sagt:

Prüfdruck = 1,5 x Betriebsdruck. Demnach braucht unser Winzling nur mit etwa 2,5 bar abgedrückt zu werden, denn der Betriebsdruck bei Verwendung von Festbrennstoff wird höchstens bei 1,5 bar liegen. Der Rest dient der zusätzlichen Sicherheit.

Der Kessel muß jetzt seinen Druck halten. Nach dieser Prozedur ist der Prüfling außen gerade mal 40 °C warm, er läßt sich somit gefahrlos in die Hand nehmen und auf Leckagen untersuchen. Kleine Undichtigkeiten wird man erst nach einiger Zeit entdecken, größere oder haarfeine Löcher verraten sich durch Tropfenbildung bzw. feine weitreichende Fontänen.

Natürlich wird der Kessel innerhalb der 10minütigen Testphase abkühlen, der Druck fällt dabei auf ca. 2 bar ab. Wenn sicher ist, daß der Druckabfall temperaturbedingt ist, darf ganz leicht nacherwärmt werden bis die 3 bar wieder erreicht sind. Sollten undichte Stellen vorhanden sein, wird der Druck meist schneller zusammenbrechen, der Test ist dann abzubrechen und die betreffende Stelle zu überarbeiten, sprich nachzulöten. Wir gehen natürlich davon aus, daß unser Erstlingswerk bereits die ersten 10 Minuten unter Druck gut überstanden hat und sich kein noch so kleines Tröpfchen Wasser an seiner Außenseite zeigte. Einer der Verschlußstopfen wird vorsichtig geöffnet, Wasser spritzt heraus, die Anzeige am Manometer sinkt schnell auf Null. Der Kessel wird nun vollständig entleert, erneut gefüllt, und die zweite Probe beginnt.

Erst wenn beide Prüfphasen ohne Beanstandungen absolviert wurden, gilt der Kessel als fertig. Unser Zeuge wird die Korrektheit der Prüfung und die Sicherheit des Kessels gern bestätigen. Formlos notieren wir Kesselart, Volumen, Betriebs- und Prüfdruck, natürlich das Datum der Probe und die Namen des Erbauers und des anwesenden Zeugen (vgl. **Anhang 4**). Sollte sich irgendwann einmal wider Erwarten ein Unfall mit unserem Kessel ereignen, kann der Hersteller durch dieses Schreiben nachweisen, daß er seiner Sorgfaltspflicht Genüge getan hat.

Herzlichen Glückwunsch zum ersten selbstgebauten, geprüften und für o.k. befundenen Modelldampfkessel.

6.7. Der Bau des Kesselhauses

6.7.1. Bodenplatten

Teil 11 und 12 bilden zusammen mit einer Lage 3-mm-Nefalit das Fundament unseres Kessels. Diese Sandwichbauweise isoliert sehr gut gegen den Schiffsboden, so daß wir uns keine Sorgen um Überhitzung des Rumpfes zu machen brauchen. Während Teil 11 äußerst simpel anzufertigen ist, verlangen besonders die Biegelinien des zweiten Bodenblechs (12) unsere ganze Aufmerksamkeit. Zunächst bohrt man pro Seite ein Loch von 1–1,5 mm in eine der Ecken des aufzubiegenden Luftleitblechs. Ein Laubsägeblatt für Metall wird eingefädelt, im Sägebogen gespannt und dann entlang der durchgezogenen Linie gesägt. Die strichpunktierte Linie bleibt unversehrt. Kein Problem? Ist doch klar? O.k., es sollte nur nochmals erwähnt werden, denn auch beim Prototyp ging der erste Schnitt daneben ...

Sicher haben wir bei der Materialsuche für unser Projekt daran gedacht, Winkeleisen zu organisieren, die nun zum Einsatz kommen (vgl. Kapitel 3). Das Blech wird zwischen zwei Winkelstücken so gespannt, daß die strichpunktierte Linie mit den Oberkanten der Winkel abschließt. Ein Stück Hartholz (Dübelholz, Buchenleiste o.ä.) wird gegen die zu biegende Lippe gesetzt, leichte Schläge mit dem Hammer auf das Holz gegeben und schon legt sich das Material um. Durch die entstandene Öffnung reicht das Holz nur bedingt, wir müssen von der Rückseite der Platte nacharbeiten, bis das betreffende Leitblech mit sauberem Knick rechtwinklig zur Bodenplatte steht.

6.7.2. Kesselhausfronten

Bevor der Bau des eigentlichen Kesselhauses beginnen kann, sind ein paar Holzarbeiten nötig, denn für die Herstellung der Fronten (13) und (14) brauchen wir eine Schablone. Auf zwei Reststücke Spanplatte oder dickes Sperr- oder Hartholz überträgt man die durch die strichpunktierte Linie vorgegebene Kontur so, daß nach Möglichkeit je eine maschinengeschnittene Kante des Holzes als Maßbezugskante (Bodenkante) eingesetzt werden kann. Die 3-mm-Bohrungen übertragen wir ebenfalls auf das Holz. Durch diese Löcher verbinden wir beide Holzteile mit einer M3-Gewindeschraube/Gewindestange nebst Unterlegscheibe und Mutter(n). Die Maßbezugskanten müssen bündig miteinander abschließen. Das Paket wird anschließend im Schraubstock gespannt und mit Säge, Raspel, Feile und Sandpapier auf das endgültige Maß gebracht. Halt! Der erfahrene Modellbauer hat bereits gemerkt, hier stimmt was nicht! Richtig. Würden wir das Holz nach den Maßen der Zeichnung bearbeiten, erhielten wir zu große Kesselfronten. Warum? Zu den Außenmaßen ist pro Seite jeweils eine Materialstärke hinzuzurechnen, d.h., die Kesselfront hätte im gebördelten Zustand eine Breite von rund 65 mm und eine Höhe, wenn alles gut geht, von 93,5 mm. Da beim Bördeln aber eine kleine Rundung entsteht, wird unser Bauteil nochmals breiter und höher sein. Also muß die Schablone mindestens um die zweifache Materialstärke kleiner werden. Rechnen wir den Radius der Rundung mit ein, dann ist eine Breite von 62–63 mm und eine Höhe von ca. 92 mm ein guter Wert. Viel hängt davon ab, welches Holz man verwendet. Scharfe Kanten lassen sich mit kunststoffbeschichteten Spanplatten erzielen, deren harte Schichten gegeneinander liegen.

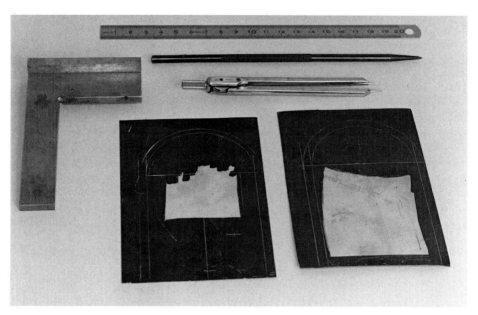

Bild 29

Reine Holzschablonen werden beim Abkanten immer nachgeben, wodurch besagter Radius entsteht.

Die **Bilder 29 und 30** zeigen, wie es weitergeht. Zwischen die endbearbeiteten Schablonen, die zum Schutz gegen Vertauschen mit einer Markierung zu versehen sind, legen wir das zugeschnittene und gebohrte Blech.

Ein Wort zum Bohren dünner Bleche. Große Durchmesser in dieses Material zu bohren ist eine Sache für sich, die Löcher werden meist annähernd dreieckig und müssen nachgearbeitet werden. Der Effekt tritt besonders dann auf, wenn, wie üblich, klein vorgebohrt und anschließend gleich auf das Endmaß erweitert wird.

Bild 30

Bild 31   *Bild 32*

Nähert man sich dagegen stufenweise, sagen wir in 2-mm-Schritten dem Endmaß, tritt er weniger stark in Erscheinung. Ein kleiner Trick schaltet das Phänomen nahezu vollständig aus: Man legt das zu bohrende Blech auf ein Nylonbrett (Küchenbedarf), bohrt wie üblich vor, spannt anschließend den Bohrer für das Endmaß ein und legt zwischen ihn und das Blech eine zu einem flachen Kissen geformte dünne Lage Stahlwolle. Die Wolle muß neu, sauber und der Bohrer absolut scharf sein! Mit gebrauchter Wolle und stumpfem Bohrer funktioniert der Trick nicht, ja es kann sogar gefährlich werden, wenn der Bohrer in das dünne Blech einhakt. Geht alles gut, zentriert sich Bohrer zusammen mit der Stahlwolle in dem vorgebohrten Loch und schält sich unter geringstmöglichem Vorschub durch das Material. Ergebnis: eine saubere runde Bohrung. Wer diesem Trick nicht traut, muß mit einer Handreibahle oder einem Senker nacharbeiten, auch ein kleiner Fräser in der Minibohrmaschine oder eine Rundfeile helfen weiter.

Die Holzformen und das Blech werden ausgerichtet, miteinander verschraubt und im Schraubstock gespannt **(Bild 31)**. Mit einem Plastik- oder Nylonhammer treiben wir die überstehenden Enden um die Holzform nach hinten. Vorsicht! Nicht zu heftig auf das Metall einschlagen. Mit viel Gefühl zwingt der Hammer das Blech nach und nach auf ganzer Länge um die Kante. Es ist nicht möglich, das Blech in einem Arbeitsgang umzubördeln! Bald ist zu spüren, wie sich das Metall wehrt. Schlägt man auf eine Stelle, kommt es an einer anderen wieder hoch. Das ist der Moment, an dem wir zur Flamme greifen und ausglühen müssen. Wir nehmen das Bauteil aus der Form und erhitzen den Rand des Bleches vorsichtig mit dem 14-mm-Brenner, bis er gerade rot zu glühen beginnt. Vorsicht! Immer daran denken, daß Messing verbrennen kann! Natürlich haben wir wieder daran gedacht, das Licht zu dimmen, anders ist die Färbung kaum erkennbar. Hat der Rand einmal rundum geglüht, muß das Bauteil abkühlen, bevor es erneut in der Form ausgerichtet, gespannt und weiter bearbeitet werden kann.

Schon beim ersten Schlagen spüren wir, wie weich das Blech geworden ist, es läßt sich leicht um die Form legen. Doch bald ist wieder Schluß, das Material hat durch die mechanische Einwirkung des Hammers annähernd seine ursprüngliche Härte zurückerhalten. Ohne erneutes Ausglühen geht nichts mehr. Sieht die werdende Kesselhausfront etwa wie auf **Bild 32** aus, haben wir es gleich geschafft. Noch ein paar Schläge, dann wird das Bauteil der Form entnommen und die geraden Kanten über einem im Schraubstock gespannten Winkelstahl mit leichten Schlägen eines gewöhnlichen Schlosserhammers geglättet. Die Rundungen bearbeitet man entsprechend über einem Stück Rundmaterial mit möglichst großem Durchmesser (Besenstiel, dickwandiges Kupferrohr o.ä.).

Wenn dann noch die Feuerluke ausgeschnitten und gemäß der Zeichnung mit Hilfe einer Kombizange umgebogen wurde, ist dieser Bauabschnitt bereits Geschichte. Der Bau der Feuertür (Teil 16) ist eine simple Angelegenheit: Nur anreißen, ausschneiden, bohren und den „Griff" entlang der strichpunktierten Linie abkanten, schon ist das Teil einbaufertig.

6.7.3. Der Kesselhausmantel

Bevor der Kesselhausmantel angerissen und zugeschnitten werden kann, prüfen wir, ob das in der Zeichnung angegebene Maß von 233 mm Gesamtlänge mit den tatsächlichen Gegebenheiten übereinstimmt. Schließlich ist es ja durchaus möglich, daß die gebördelten Kesselhausfronten trotz aller vorausschauenden Berechnungen etwas größer geworden sind. Ein Stück Karton um die gebördelte Kante jeder Front gewickelt, Beginn und Ende markiert, und schon läßt sich die tätsächliche Länge ausmessen. Mit dem ggf. zu korrigierenden Wert reißen wir nun Teil 15 an **(Bild 33)**.

Bild 33

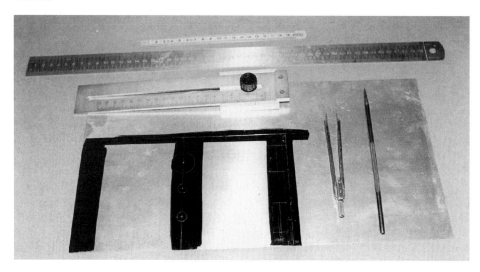

Danach wird man als erstes die Luftschlitze entlang der durchgezogenen Linie aussägen und alle Löcher im Mantel bohren. Die beiden 12-mm-Bohrungen werden mit 10 mm gebohrt und anschließend mit einem in der Minibohrmaschine gespannten Fräser oder per Feile auf das Endmaß gebracht. Die Schornsteinöffnung läßt sich am einfachsten mit der Laubsäge ausschneiden.

Das fertig gebohrte Blech erhält nun seine Rundung, wozu es gewalzt werden muß. Wie soll das denn, bitteschön, mit normalen modellbauerischen Mitteln möglich sein? Ganz einfach! Wir bitten zunächst unsere bessere Hälfte um das wohl in jedem Haushalt vorhandene Nudelholz. Keine Bange! Eine Umkehrung der häuslichen Machtverhältnisse ist nicht in unserem Sinn und das Küchenwerkzeug wird auch garantiert sauber und unbeschädigt zurückgegeben. Dann brauchen wir noch einen dicken Packen alter Zeitungen, fertig ist die Walzvorrichtung. **Bild 34** erklärt das übrige. Das Blech wird unter kräftigem Druck auf dem Papierstapel von der Innenseite her mit dem Nudelholz gewalzt. Bald beginnt es sich zu wölben. Hat der Kesselhausmantel in etwa den gezeigten Zustand angenommen, kann man die Seitenwände von Hand noch ein wenig um das Holz herumziehen. Natürlich läßt sich mit dieser Methode die endgültige Form nicht erreichen. Die erzielte Krümmung erleichtert aber die spätere Montage ungemein. Biegt man das Blech „einfach so" von Hand, knickt es entlang der Mittellinie zwischen den großen Bohrungen, und unsere Arbeit ist hinfällig.

Zum Schluß wird das Blech sorgfältig abgekantet, erst die Standfläche, dann die Luftschlitze, **Bild 35** zeigt, wie es geht. Die Haltelaschen für den Schornsteinsockel biegt man zuletzt hoch. **Bild 36** zeigt den einbaufertigen Kesselhausmantel.

Bild 34

Bild 35

Bild 36

6.7.4. Montage des Kesselhauses

In dem gewalzten Blech ist immer noch Spannung und so ist es überaus nervenschonend, bei der Montage eine freundlich helfende Hand zur Seite zu haben. Aber mit einer Parallelschraubzwinge, wie in **Bild 37** zu sehen, geht es auch alleine.

Verwendet man für den Zusammenbau die empfohlenen Blechschrauben, dürfen die jetzt in die umgebördelten Kanten der Kesselhausfronten einzubringenden, im Plan nicht verzeichneten Bohrungen nicht größer als 1 mm sein, sonst ziehen die Blechschrauben nicht genügend an. Bohrt man zu groß, haben die Schrauben zu wenig „Futter" und lassen sich in der Folge meist nur einmal einsetzen. Schon beim neuerlichen Zerlegen und Zusammenbau des Kesselhauses würden sie nicht mehr fassen. Natürlich kann man das Gehäuse auch mit Gewindeschrauben M2 oder M2,5 zusammenbauen, allerdings lockert sich solch eine Verschraubung zuweilen durch Wärmeeinfluß und muß von Zeit zu Zeit nachgezogen werden.

Bild 37

Bild 38

Das Kesselhaus ist fertig montiert und paßt? Prima! Dann demontieren wir alles wieder, setzen den Kessel ein und verschrauben schließlich das Ganze mit den Bodenplatten *(Bild 38)*.

Fehlt noch der Schornsteinstutzen (Teil 17), der zuerst den Rundungen des Kesselhauses anzupassen ist, bevor er mit zwei Schrauben an den betreffenden Laschen fixiert wird. Der aufmerksame Leser hat anhand der Fotos längst bemerkt, daß der Stutzen des Prototyps nicht verschraubt, sondern verlötet ist. Allerdings ist diese Art der Befestigung dem Einsteiger nicht zu empfehlen. Die hohen Rauchgastemperaturen lassen eine weichgelötete Verbindung schon nach wenigen Minuten Betriebszeit schmelzen, also eine unbrauchbare Methode. Hartlöten ist ein abenteuerliches Unterfangen, bei dem das dünne Messingblech äußerst schnell verbrennt. Es erschien daher sinnvoller, den kleinen Schönheitsfehler zweier sichtbarer Schrauben in Kauf zu nehmen und den Stutzen auf diese Art zu fixieren *(Bild 39)*.

Der eigentliche Schornstein (Teil 18) wird zum Schluß lediglich in den Stutzen gesteckt. Seine angegebene Länge von 65 mm ist als Richtwert anzusehen. Das endgültige Maß richtet sich nach den Gegebenheiten des Modells, in dem die Anlage einzubauen ist. Gleiches gilt natürlich für das Abdampfrohr (Teil 19), das wir aus einem Reststück 6-mm-Kupferrohr biegen. Das untere, abgewinkelte Ende wird von innen her durch die 6-mm-Bohrung des Schornsteins gesteckt, mittig ausgerichtet und verlötet. Diese Anordnung sorgt für einen verbesserten Zug und trocknet gleichzeitig den Restdampf nochmals, so daß wir sicher sein können: Durch unseren Schornstein spritzt kein Öl-/Wassergemisch auf die Wasseroberfläche.

Bild 39

Die senkrechten Flächen des Kesselhauses streichen wir mit hitzefester Ofenfarbe. Oberhalb dieser Flächen verhindert eine 3 mm starke Nefalit-Platte übermäßigen Wärmeverlust. Mit Stahllineal und Cuttermesser schneidet man das Isoliermaterial auf Maß und legt es anschließend kurzzeitig in ein Wasserbad. Vollkommen durchfeuchtet läßt es sich problemlos um das Kesselhaus formen, wo es mit Gummibändern bis zum vollständigen Austrocknen gehalten wird.

Zum Schluß verkleiden wir das Kesselhaus noch mit Holzleisten, vier Messingbänder halten das Ganze zusammen *(Bild 40)*.

Bild 40

6.8. Armaturen

Wie am Anfang des Buches erwähnt, gibt es einige Unterschiede zwischen Fotos und Zeichnung. Wir erinnern uns: Im Zweifel gilt die Zeichnung. Im Falle des Kessels unterscheiden sich neben der Befestigungsart des Schornsteins auch die Einlötringe vom Prototyp. Während in ihm die kurze, überall erhältliche Standardversion eingelötet wurde, empfiehlt die Zeichnung eine extralange Sonderausführung (Teil 6).

Wer sich für die kurze Standardlösung entschieden hat, muß jetzt die drei Einlötringe mit entsprechenden Nippelmuffen (in der Stückliste nicht aufgeführt) bestücken, um den jeweiligen Anschluß durch Kesselhausmantel und Isolierung nach außen zu verlängern *(Bild 41)*. Diese zusätzliche Verschraubung entfällt beim Einsatz der extralangen Einlötringe.

Armaturen gibt es an diesem Kessel nur wenige, das verringert die Kosten und vereinfacht den Bau, ohne aber die Sicherheit zu beeinträchtigen.

So fehlt z.B. ein Wasserstandsanzeiger vollständig, dessen Installation mitunter nicht unproblematisch ist und dem Ungeübten ein Höchstmaß an Geduld und Präzision abverlangt. Zudem läßt sich damit der Füllstand eines so kleinen Kessels ohnehin kaum beurteilen. Aber ganz ohne geht es auch nicht, denn schließlich muß man wissen, wann der Boiler optimal gefüllt ist. Dabei hilft die Füllstandsanzeige, ein simpler Einlötring (6) mit Verschlußschraube (9). Wenn gegen Ende des Betankens hier der erste Tropfen Wasser austritt, ist der Kessel optimal gefüllt, im Innern bleibt genügend Raum, in dem sich Dampfdruck aufbauen kann. Die Schraube ist mit einem O-Ring bestückt, so daß sie von Hand

Bild 41

Bild 42

dampfdicht angezogen werden kann, ein Maulschlüssel ist nicht erforderlich. Im übrigen sind Brennstoffmenge und Wasservolumen so aufeinander abgestimmt, daß am Ende eines Betriebszyklusses noch Wasser im Kessel übrigbleibt, ein Trockenfahren ist somit ausgeschlossen.

Das T-Stück (Teil 7) umwickelt man mit Teflonband oder dem guten alten Hanf, bevor es in den mittig sitzenden Einlötring geschraubt wird. Mit Hilfe der Kontermutter läßt es sich leicht ausrichten und in der gewünschten Position festsetzen. Ein Anschluß dieses Fittings dient der Dampfentnahme, die Dampfleitung führt direkt auf das Umsteuerventil der Maschine, ein Hauptabsperrventil entfällt.

Der andere wird mit der beiliegenden Überwurfmutter zunächst verschlossen. Hier wird nachträglich ein Manometer angesetzt, das nach TRD 801 vorgeschrieben ist, wenngleich kommerzielle Anbieter ähnlich kleiner Kessel dieses Anzeigegerät oft nur als Zubehör liefern. Dampf-Fachleute werden nun anmerken, dies sei nicht die richtige Stelle für das Manometer. Wo Dampf entnommen wird, darf kein Druck gemessen werden, die wirklich herrschenden Verhältnisse im Kessel würden verfälscht wiedergegeben. Ob das bei einem Betriebsdruck von gerade mal 1 bis 1,5 bar so entscheidend ist, bleibt zu diskutieren. Wer es ganz genau machen möchte, setzt bei Baubeginn in den vorderen Kesselboden (1) einen weiteren Einlötring ein, in den das Manometer geschraubt wird. Teil 1 ist dann baugleich mit Teil 2.

Ein Sicherheitsventil ist zwingend vorgeschrieben. Bei Überschreiten des max. Betriebsdrucks um ca. 10% öffnet es, und überschüssiger Dampf entweicht. Da auf dem Kessel jetzt nur noch ein Anschluß frei ist, empfiehlt es sich, Verschlußschraube und Sicherheitsventil zu einer Einheit zusammenzufügen. **Bild 42** zeigt zwei mögliche Varianten, die von der Firma Laspe für diesen Kessel entwickelt wurden. Beide sind ebenfalls mit einem O-Ring versehen und lassen sich somit ohne Schraubenschlüssel von Hand dampfdicht anziehen.

Herzlichen Glückwunsch zum (vielleicht) ersten selbstgebauten, fertigen, geprüften und für sicher befundenen Modelldampfkessel! Schon neugierig, wie es weitergeht?

7. Der Brenner

Das hört sich beeindruckend an: Wir bauen jetzt einen Brenner. Dabei ist Teil 20 doch bloß eine einfache Schale, die den Trockenbrennstoff aufnehmen und nach dessen Verbrennung die Rückstände sammeln soll. Eine gemütliche Bastelei für zwischendurch, die nur in einem Punkt unsere Aufmerksamkeit verlangt: Die Breite der Schale muß möglichst genau den Abmessungen zweier nebeneinander liegender Brennstoffblöckchen entsprechen. Wenn sie beim Einlegen schon ein wenig klemmen, bleiben sie auch während des steilen Einschiebens der Schale in den Brennerraum und bei starkem Seegang sicher liegen.

Während wir die langen Seiten wieder zwischen zwei Stahlwinkeln abkanten, biegt man die Enden mit einer Kombizange nach oben. Ob die Schmalseiten, wie im Plan vorgegeben, schräg nach oben auslaufen oder vielleicht auch senkrecht stehen dürfen, hängt von den Gegebenheiten im Modell ab. Die schräge Version erleichtert das Einschieben und Herausziehen der Schale im engen Schiffsrumpf, eine rechteckige Version kann mehr Brennstoff aufnehmen, ist aber unvorteilhafter in der Handhabung.

Wer die Schale entsprechend den Vorgaben aus 1-mm-Alublech anfertigt, braucht die abgekanteten Seitenteile nicht miteinander zu verbinden, da sie sich nicht durch Hitzeeinwirkung verwerfen. Dünnwandigeres Blech kann sich dagegen verformen. Hier empfiehlt es sich, nach dem Vorbild der Papierbastelbögen eine Lasche an jedem Ende der Längsseiten vorzusehen. Sie wird um 90° nach innen gebogen und mit der Stirnseite verschraubt.

Ein paar Anmerkungen zur Bestückung des Brenners: Sechs Esbit-Blöcke sind der Mindestbedarf an Brennstoff für einen Betriebszyklus. Sind sie vollständig verbrannt, bleibt noch reichlich Wasser übrig, ein Trockenfahren, also Feuer unter dem leeren Kessel, ist nicht möglich. Wenn aber noch Wasser im Pott ist, warum dann nicht mehr Brennstoff drunterpacken und längere Fahrzeiten erzielen? Ist doch ganz einfach: Blöckchen hochkant stellen und schon gehen mindestens neun Stück rein, das gibt mehr Hitze und also mehr Leistung! Mehr Hitze? Ja! Mehr Leistung? Nicht unbedingt, denn die Flamme brennt noch, wenn auch nur klein, wenn schon längst kein Wasser mehr im Boiler ist. Das ist verschwendete Energie und auf die Dauer auch nicht gut für den Kessel. Was aber noch viel schlimmer ist, durch die hochkant stehenden Blöckchen rückt die Flamme dichter an den Kesselboden, die Folge: Die Flamme brennt unsauber, der Kessel ist bereits nach einem Zyklus völlig verrußt. Ruß isoliert stark und mindert die Leistung, also haben wir letztlich nichts gewonnen.

Mit einem kleinen Trick kann man aber die Wasserkapazität des Boilers optimal nutzen. In jeder Packung Festbrennstoff finden sich immer mal wieder Bruchstücke. Wenn nicht, läßt sich ein Blöckchen leicht in zwei Hälften brechen. Drei von ihnen legt man in die leere Brennerschale, und zwar möglichst nah vorn an der Tür. Sie werden gezündet und erwärmen Kessel und Wasser. Nach etwa fünf Minuten sind die Starthilfen verbrannt. Die Brennerschale wird herausgezogen, mit 6 ganzen Blöckchen bestückt, wieder unter den Kessel geschoben und gezündet. In kurzer

Zeit beginnt das Wasser zu kochen, Druck baut sich auf, der Flammenabstand zum Kessel stimmt, und wir können den Wasservorrat bis zum Ende nutzen. Fast, denn ein bißchen (ca. 20 cm^3) bleibt im Kessel zurück, zur Sicherheit.

Ein ähnlicher Effekt läßt sich erreichen, wenn man den Kessel bereits mit heißem Wasser füllt.

8. Die Dampfmaschine

8.1. Vorbemerkungen

Einfachwirkende oszillierende Dampfmaschinen fristen ein kläglisches Schattendasein, kaum ein ernsthafter Dampfmodellbauer mag sich mit ihnen beschäftigen: „Das ist doch bloß was für Anfänger". Stimmt! Der einfache Aufbau dieses Maschinentyps ist bestens geeignet, die handwerklichen Fähigkeiten des Einsteigers zu trainieren und ihn ein Gefühl für Dampfantriebe entwickeln zu lassen. Von Zeit zu Zeit findet man in Fachzeitschriften den einen oder anderen Bauvorschlag für Modelldampfboote, die durch simple ein- oder zweizylindrige, einfachwirkende, oszillierende Maschinen angetrieben werden sollen. „Einfachwirkende Maschinen sind allerdings nicht selbstanlaufend" steht dann meist versteckt irgendwo im Text, und der interessierte Schiffsmodellbauer fragt sich: „Was soll ich denn mit einer Maschine, die nicht selbst anläuft, mit der mein Modell also nur mit annähernd gleichbleibender Geschwindigkeit ausschließlich vorwärts fahren kann?"

Dabei lassen sich diese einfachen Konstruktionen durch pfiffige Ideen und ein wenig zusätzlichen Arbeitsaufwand in vielen Fällen zu Maschinen aufrüsten, die durchaus den Ansprüchen des Schiffsmodellbauers genügen. Der in der Planbeilage (Maschine) vorgestellte Typ besteht aus zwei solchen unkomplizierten zweizylindrigen einfachwirkenden Maschinen. Zum vierzylindrigen Aggregat zusammengeschaltet, läuft sie aus jeder Position vorwärts und rückwärts an und läßt sich darüber hinaus feinfühlig regeln.

Auf die Funktionsweise der oszillierenden Dampfmaschinen soll hier nicht näher eingegangen werden, Lesenswertes dazu findet der interessierte Leser in **Anhang 2** aufgelistet.

So einfach diese Maschinen sein mögen, so groß ist dennoch ihr Anspruch an die Präzision des Modellbauers. Wer die ersten Seiten dieses Buches voller Hunger auf die Maschine überschlagen haben sollte, tut gut daran, noch einmal zurückzublättern und nachzulesen, ob er auch wirklich all die jetzt geforderten Fertigkeiten besitzt. Wer dagegen von Anfang an den Tips, Empfehlungen und Anleitungen gefolgt ist, kann sich getrost an den schwersten Teil unseres Projekts wagen, den Bau der Maschine.

8.2. Die Spiegelplatten

Die Spiegelplatte (Teil 1) ist auf den ersten Blick nur ein einfaches Stück Messingblech mit ein paar Löchern, deren Genauigkeit in bezug auf Abmessungen und Position der Bohrungen aber über die Funktionsfähigkeit der Maschine entscheidet. Es wäre fatal zu glauben, dieses Bauteil könne mal „so eben" zurechtgeschnitzt werden. Es verlangt unsere ganze Aufmerksamkeit!

Fangen wir an und zeichnen mit einem Bleistift auf 3-mm-Messingblech zwei Rechtecke von ungefähr 70 x 45 mm. Die beiden Platten werden grob ausgesägt, die Kanten nach dem Sägen entgratet und die Oberflächen mit Stahlwolle gereinigt. Im nächsten Arbeitsgang fügen wir sie zu einem Sandwich zusammen, denn nur so lassen sich zwei absolut identische Bauteile erzeugen. Dazu geben wir zunächst auf die nun metallisch blanken und zu verbindenden Flächen je einen Tropfen Lötwasser in die Regionen, die in *Zeichnung 12f* gekennzeichnet sind. Anschließend erwärmen wir beide Teile mit dem 22-mm-Brenner und geben dann auf einem der beiden Bleche an besagten Punkten sehr sparsam etwas Lötzinn zu. Nicht zu viel, die Platten sollen nur zusammengeheftet, nicht vollflächig verlötet werden. Die so präparierten Seiten legt man aufeinander, richtet sie aus, erwärmt beide Platten nochmals und drückt sie mit einem Schraubendreher, einer Zange oder ähnlich hitzebeständigem Werkzeug zusammen, bis sie völlig plan aufeinanderliegen. Waren wir zu großzügig mit dem Lot, quillt es jetzt an den Seiten heraus, später werden wir dann reichlich Arbeit haben, das überschüssige Lot zu entfernen. Zu spät – jetzt läßt sich nichts mehr ändern. Flamme entfernen und das Werkstück vollständig auskühlen lassen.

Erst dann geht's weiter, wir feilen die erste Maßbezugskante. Mehr als je zuvor müssen wir jetzt die in Kapitel 4.1.1.1. beschriebenen Qualitätsanforderungen erfüllen. Alle weiteren Maße der Grundplatte beziehen sich, wie wir sehen werden, auf sie. Aber auch die übrigen Komponenten der Maschine stehen in einer Beziehung zu dieser Kante, weshalb wir sehr sorgfältig ans Werk gehen müssen.

Eine Seite des Sandwiches haben wir gefeilt, die Maßbezugskante, welche später die Oberkante der Spiegelplatte sein wird, ist somit fertig. Der Lichttest mit dem Anschlagwinkel wurde erfolgreich durchgeführt, und auf der Glasplatte steht unser Paket einwandfrei senkrecht. Jetzt ist es an der Zeit, die Bohrungen anzureißen. Aus der *Zeichnung 12a–f* sind die dazu nötigen Arbeitsschritte zu ersehen, deshalb das Wichtigste nur kurz im Telegrammstil:

a: Anreißen der parallel zur Maßbezugskante verlaufenden Linien (30, 39, 42 mm) mit dem Parallelanreißer *(Bild 43)*. Die Platte steht dazu gegen einen senkrechten Hintergrund (Akku o.ä.). Mit dem Stahllineal anschließend die 30-mm-Linie halbieren und durch den Schnittpunkt per Anschlagwinkel die Senkrechte anreißen. Wir erhalten die Schnittpunkte Mp, Mp1 und Mp2.

b: Um Punkt Mp schlagen wir einen Kreisbogen mit dem Radius 27 mm und erhalten die Schnittpunkte Mp3, Mp4 und Mp5. Von Mp3 aus schlagen wir einen weiteren Kreisbogen mit gleichem Radius, gleiches wird von Punkt Mp5 aus wiederholt. Wir erhalten den Schnittpunkt A. Analog verfährt man mit den Punkten Mp4 und Mp5 und erhält den Punkt B.

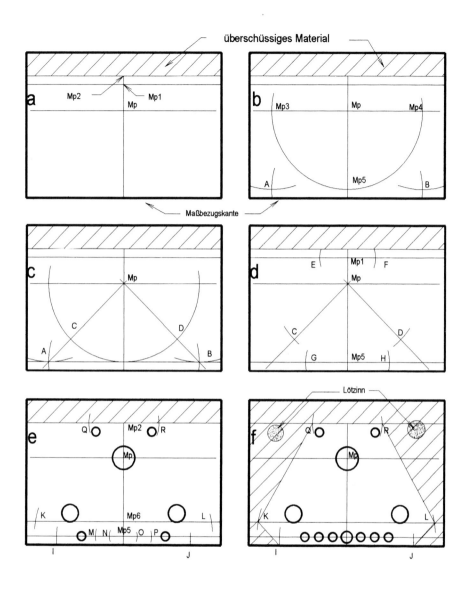

Zeichnung 12a–f: Anreißen der Spiegelplatten

c: Durch die Punkte Mp und A bzw. Mp und B ziehen wir je eine Gerade und erhalten die beiden Winkelhalbierenden, die den Kreisbogen in Punkt C und D schneiden. Hier werden später die Bohrungen für die Pendelachse des Kolbens sitzen.

d: Das Anreißen der Linie im Abstand von 3 mm zur Maßbezugskante gestaltet sich mit unserem Parallelanreißer etwas schwierig. Da ist es einfacher, durch die Punkte A, Mp5 und B per Lineal anzureißen, das Ergebnis ist identisch. Wiederum jeweils einen Kreisbogen mit 10 mm um Mp1 bzw.15 mm um Mp5 geschlagen, ergibt die Bohrpunkte E und F bzw. G und H.

Bild 43

Damit ist die erste Klippe umschifft. Die jetzt angerissenen Bohrpunkte C bis H **(Zeichnung 12d)** sind entscheidend für die Funktionsweise der Maschine. Und weil sie so wichtig sind, haben wir sie konstruiert und nicht einfach mit einem Geodreieck oder ähnlichem angerissen. Bevor wir uns die Mühe machen, auch die letzten Bohrpunkte und die endgültigen Konturen der Platten anzureißen, wollen wir die Bohrungen C bis H erst einmal körnen und bohren. Jetzt kommt's drauf an, jeder Schlag muß sitzen (vgl. Kapitel 4.1.1.4., Anreißen und Körnen der 10 Bohrungen). Unter einer starken Lampe und – wenn nötig – mit einer Lupe wird jeder schwache Körnerpunkt überprüft, er muß genau im Schnittpunkt der Linien sitzen. Falls nicht, wird vorsichtig korrigiert **(Bild 44)**. Durch einen zweiten leichten Schlag vertiefen wir den Körnerpunkt bevor mit einem neuen (!) 1,5-mm-Bohrer vorgebohrt wird. Die korrekt eingestellte Drehzahl, geringer Vorschub und ein scharfer Bohrer garantieren eine senkrechte Bohrung. Wer ungeduldig den Bohrer durchs Material zwingt, riskiert sein Verlaufen, die Bohrung wird schief. Das mag bei diesen Durchmessern anfangs kaum auffallen. Aber schon nach dem Erweitern auf das Endmaß von 6 bzw. 8 mm ist der Fehler sichtbar, spätestens beim Einbau der Kurbelwelle wird er offenkundig: Die Welle klemmt in den Lagern, weil die Bohrungen nicht fluchten. Sind die beiden 6-mm- sowie die 8-mm-Bohrung gelungen, erweitern wir die restlichen auf 3 mm. Auch hier gilt wieder: Wandert der Bohrer nur geringfügig aus, kann es später zu Parallelitätsproblemen der Spiegelplatten zueinander kommen. Wenn die Wirklichkeit mit dem **Bild 45** übereinstimmt, kontrollieren wir die Abstände der Bohrungen zueinander mit dem Meßschieber. Kurbelwellenbohrung zu Pendelachsenbohrung, von Rand zu Rand, müssen jeweils 20,0 mm ergeben, dann ist alles o.k. Wenn nicht – schade – aber es lohnt nicht, weiterzumachen, die Maschine würde später nur unzureichend laufen. Man fängt besser noch einmal von vorne an.

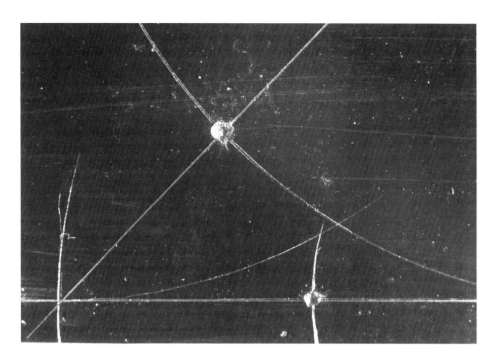

Bild 44

Bild 45

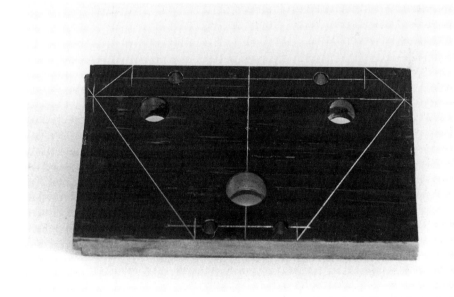

Aber wir sind optimistisch, arbeiten sorgfältig und haben aus den ersten Kapiteln des Buches schon einiges an Erfahrung gesammelt, also werden wir auch diesen Abschnitt bereits erfolgreich gemeistert haben.

Zurück zu den restlichen Anreißarbeiten nach **Zeichnung 12**:

e: Falls die 42-mm-Linie über der Maßbezugskante die vorhergehenden Arbeiten nicht überlebt hat, also ein wenig verwischt ist, reißen wir sie erneut an und fügen noch eine im Abstand von 8 mm zur Maßbezugskante hinzu. Um Mp2 schlagen wir einen Kreisbogen mit dem Radius 12,5 mm und erhalten die Schnittpunkte Q und R. Analog verfährt man mit Mp6 (Radius 32 mm) und Mp5 (Radius 24 mm). Die Schnittpunkte des letzten Radius auf der 3-mm-Linie werden mit Hilfe des Anschlagwinkels nach unten verlängert, wir erhalten die Punkte I und J. Bleibt noch, die Bohrpunkte M bis P zu konstruieren.

f: Mit dem Stahllineal und der Reißnadel verbindet man die Punkte Q-K-I sowie R-L-J und erhält die äußeren Konturen der Spiegelplatte.

Der aufmerksame Leser wird fragen: „Und was ist mit den 1,5-mm-Bohrungen, die in einem Abstand von 3 mm jeweils links und rechts der beiden Winkelhalbierenden sitzen sollen?" Durch sie gelangt später der Dampf in die Zylinder bzw. wieder hinaus. Sie jetzt zu bohren wäre fatal. Auf dem Weg zur fertigen Maschine kann es noch so manche Maßabweichung geben, weshalb diese vier Öffnungen später besser mit Hilfe einer Schablone gebohrt werden.

Wenn alle übrigen Bohrungen gut sitzen, geht es an die Endbearbeitung. Zuerst wird die der Maßbezugskante gegenüberliegende Seite auf Maß gefeilt. Wenn das Bauteil 42 mm breit ist, kann endlich das überschüssige Material an den Seiten abgesägt und die Kanten sauber gefeilt werden. Zum Schluß setzt man an der unteren 25 mm breiten Standfläche der Maschine eine Markierung. Ein ausgedienter, zu einem Meißel scharf geschliffener alter Schraubendreher o.ä. eignet sich bestens dafür. Aber auch ein kräftiger Kratzer mit der Reißnadel hinterläßt dauerhaft sichtbare Markierungen, die ein späteres Verdrehen bzw. Vertauschen der Spiegelplatten verhindern.

Bleibt noch das Kunststück, die Platten wieder voneinander zu trennen.

Selbst wenn wir die Spiegelplatten mit extrem wenig Lot zusammengeheftet haben sollten, halten sie auch nach dem Absägen des überschüssigen Materials weiterhin fest zusammen, denn das flüssige Lot hat sich großflächig ausgebreitet und wird auch dorthin gelaufen sein, wo wir es eigentlich gar nicht haben wollten. Um die Platten nun wieder zu trennen, erhitzen wir das Paket und warten bis das Lötzinn flüssig wird. Diesen Moment wird man allerdings kaum bemerken, denn auch das flüssige Lot hält die Platten weiterhin zusammen. Sie lassen sich in diesem Zustand jedoch relativ leicht mit einem Cuttermesser voneinander trennen. Dazu stellt man die heißen Platten senkrecht zwischen zwei Schamottsteine und keilt sie mit dem Messer auseinander. Vorsicht! Die Trennung erfolgt meist sehr plötzlich, die heißen Teile können dabei unkontrolliert über den Arbeitstisch fliegen – Verbrennungsgefahr!

Jetzt gilt es, das überschüssige Lötzinn völlig von den Innenseiten der Platten zu entfernen. Dazu spannt man sie einzeln, wie in **Bild 46** zu sehen, in den Schraubstock (Vorsicht! Nur leicht spannen, damit sich die Platte nicht verbiegt) und

Bild 46

erwärmt sie mit kleiner Flamme. Ist das Lot wieder flüssig, wischt man es mit etwas Stahlwolle ab. Schnell ist das Putzmittel durch aufgesogenes Zinn unbrauchbar geworden, ein neues Knäuel muß her. Achtung! Nicht mit der Flamme die Stahlwolle entzünden, sie brennt schnell und heiß! Am Ende dieses Arbeitsganges glänzt die Oberfläche stellenweise silbrig, man fühlt aber den hauchfeinen Zinnüberzug kaum noch. Trotzdem sind auch die restlichen Lotspuren zu beseitigen.

Auf einem sauberen Stück 4-mm-Glasscheibe (nicht die Anreißplatte verwenden) breitet man einen Bogen 600er Naßschleifpapier (blau) aus, legt das Bauteil drauf und schleift es mit kleinen kreisenden Bewegungen unter gleichmäßigem Druck sauber. Zwischendurch ist immer wieder zu prüfen, ob die Oberfläche auch gleichmäßig bearbeitet wird. Zeigt sich partiell bereits wieder blankes Messing, haben wir möglicherweise ungleichmäßigen Druck auf das Bauteil ausgeübt. Schon nach wenigen Runden hat sich das Papier mit Zinn zugesetzt, es ist unbrauchbar. Hier weiterzuschleifen kostet nur Kraft, bringt aber nichts. Nebenan, an einer sauberen Stelle geht es weiter. Wenn alles gut läuft, braucht man für beide Platten fast einen ganzen Bogen.

Zum Schluß werden alle Bohrungen, wie in **Bild 47** zu sehen, beidseitig mit einem dicken Bohrer entgratet. Jetzt wollen wir die Lagerbuchsen einpressen. Zuvor empfiehlt es sich aber, den Ansatz der Buchsen nachzumessen. Beim Prototyp zeigte sich, daß eine der 3-mm-Buchsen um wenige Zehntel länger war als die drei anderen. Folglich stand sie an der Innenseite der Spiegelplatten hervor, der Zylinder hätte später nie dampfdicht schließen können. Jegliche Form der Nachbearbeitung bringt bloß Ärger mit sich. Schnell sind die relativ weichen Buchsen verdrückt, dann

Bild 47

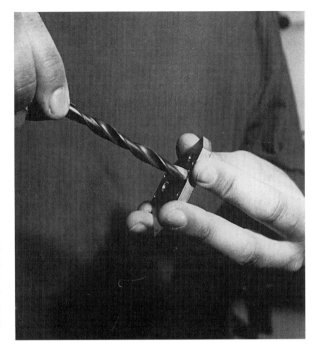

stimmt die Passung nicht mehr, die Welle läßt sich nicht mehr leicht einschieben. Also keine Experimente, solche Kandidaten tauscht man besser gleich aus.

Die Buchsen müssen sich mit etwas Kraftaufwand per Daumen in die Bohrungen pressen lassen. Sind die Löcher sehr präzise gelungen, wird diese Kraft aber kaum ausreichen, sie einzupressen. Auf keinen Fall darf mit einem Hammer nachgeholfen werden. Die Buchse würde sich sofort verformen und wäre damit unbrauchbar. Hier hilft der Schraubstock weiter. Aber Vorsicht! Spiegelplatte und Lagerbuchse müssen unbedingt durch Hartholzunterlagen vor Beschädigungen geschützt und absolut parallel zueinander eingepreßt werden.

War der Bohrer nicht 100%ig genau geschliffen oder von minderer Qualität, könnte es sein, daß die Bohrung um wenige Hundertstel Millimeter zu groß geworden ist. Die Lagerbuchse läßt sich dann fast ohne jeden Widerstand in die Bohrung

Bild 48

einlegen. Ein oder zwei Tropfen Buchsen- und Lagerkleber lösen das Problem. Klappert die Buchse aber in der Bohrung, ist jede weitere Mühe umsonst! Schade, aber in diesem Fall kauft man sich besser einen neuen Bohrer und beginnt von vorn, hier hilft auch der beste Lagerkleber nichts mehr. Schon nach den ersten Umdrehungen unserer Maschine würde sich die Verbindung wieder lösen. **Bild 48** zeigt die fertig montierten Lagerbuchsen in den Spiegelplatten.

8.3. Distanzrohre und Gewindestangen

Keine große Sache, zwei Rohre und zwei Gewindestangen abzulängen, kaum der Rede wert. Dennoch sei der Hinweis erlaubt, daß die beiden Rohre nicht 39,8 oder vielleicht 40,1 mm lang sein dürfen, sondern exakt 40,0 mm. Zusammen mit dem im folgenden anzufertigenden Umsteuerventil halten sie beide Maschinenhälften auf Abstand. Weicht nur eines der drei Bauteile vom Nennmaß ab, verzieht sich die Maschine bei der Montage. Die Folge: Die Parallelität der Spiegelplatten zueinander ist dahin, die Kurbelwelle klemmt. Wir kommen deshalb auch bei derart vermeintlich einfachen Teilen nicht umhin, genau zu arbeiten!

8.4. Das Umsteuerventil

Teil 2, der Grundkörper des Umsteuerventils, erfüllt zwei Aufgaben: zum einen die Verteilung des Dampfes auf die jeweiligen Zylinder, zum anderen die Verbindung der beiden Maschinenhälften. Diese unscheinbare zweite Aufgabe verlangt wiederum unsere volle Aufmerksamkeit, denn die beiden im Abstand von 40 mm sich gegenüberliegenden 35 mm breiten Seiten müssen absolut parallel zueinander sein, sonst verkantet die Maschine bei der Montage. Der Profi fertigt dieses Teil auf der Fräse, wir beschreiten den einfacheren Weg und verwenden gezogenes Flachmessing von 40 x 6 mm nach DIN 17674 (vgl. Kapitel 3.4.: Materialbeschaffung). Die 6 mm hohen Seitenflächen sind für unsere Zwecke präzise genug und bedürfen keiner weiteren Nacharbeit, vorausgesetzt wir achten darauf, daß sie bei den folgenden Arbeitsschritten nicht beschädigt werden. Gleiches gilt natürlich auch für die spätere Oberseite, auf der der Regelkopf (Teil 3) dampfdicht gleiten soll. Wir spannen deshalb das Flachmaterial bereits beim Ablängen und allen weiteren Spannvorgängen immer zwischen absolut saubere Alubacken.

Eine der 6 mm breiten Schmalseiten benutzt man als Maßbezugskante und reißt von hier aus mit dem Anschlagwinkel die erste zu bearbeitende 40 mm lange Kante an. Sie wird, wie üblich, sauber plangefeilt und geprüft, bevor man die ihr gegenüberliegende Kante mit dem Parallelanreißer anreißt (vgl. **Bild 43**).

Nachdem auch diese Kante bearbeitet ist, sollte unser Bauteil exakt 35 mm breit sein. So genau wie möglich richten wir jetzt den Parallelanreißer auf 17,5 mm ein und reißen auf dem rundum geschwärzten Metall die Mittellinie an, drehen die Platte um und fahren noch einmal über das Metall. Beide Linien sollten deckungsgleich sein.

Bild 49

Schwierig wird es, genau die Mittellinie auf der 6 mm breiten und 35 mm langen Schmalseite anzureißen. Ein kleiner Trick hilft weiter: Auf die Anreißplatte legt man ein Reststück sauber befeiltes und entgratetes 3-mm-Messing gegen die Schmalseite unseres Werkstücks und fährt mit der Nadel darüber *(Bild 49)*. Dann dreht man das Bauteil um und fährt erneut an der Kante des Hilfsstückes entlang. Beide Linien sind deckungsgleich, wenn wir das Hilfsstück wirklich sauber entgratet haben. Mit dem Zirkel trägt man nun vom Schnittpunkt der beiden sich kreuzenden Mittellinien jeweils 15 mm ab und erhält zwei Schnittpunkte, die Positionen für die M3-Befestigungsbohrungen.

Selbst bei noch so großer Sorgfalt ist es kaum zu schaffen, die vier M3-Befestigungsbohrungen auf diese Weise so genau anzureißen und zu bohren, daß sie hundertprozentig mit den Bohrungen beider Spiegelplatten übereinstimmen. Deshalb verfahren wir folgendermaßen: Zunächst wird nur eine Seite angerissen. Die Punkte werden gekörnt und anschließend mit 2,5 mm gebohrt. Damit die Bohrungen auch wirklich senkrecht sitzen, legt man, wie in **Bild 50** zu sehen, ein Stück 4-mm-Rundmaterial horizontal in den Maschinenschraubstock und stellt die Platte hochkant darauf. Jetzt steht sie absolut winklig. Es versteht sich von selbst, daß natürlich auch der Bohrtisch rechtwinklig zum Bohrer eingerichtet sein muß, sonst war die Mühe umsonst.

Die gleiche Tiefe aller Bohrungen erreicht man durch die Einstellung des an den meisten Maschinenständern oder Tischbohrmaschinen vorhandenen Tiefenanschlags. Wer diesen nützlichen Helfer an seinem Gerät nicht vorfindet oder ihm nicht vertraut, dem hilft ein Stück Silikonschlauch, der über den Bohrer geschoben gerade 10 mm der Bohrerspitze frei läßt *(Bild 51)*. Sobald der Schlauch das zu bohrende Material berührt, ist die geforderte Tiefe erreicht. Einfacher geht's kaum noch!

Bild 50

Bild 51

Gewindeschneiden ist Gefühlssache und muß geübt werden. Leicht passiert es, daß der Gewindebohrer schon beim Ansetzen schief zieht. Die Sache vereinfacht sich, wenn man den Eingang zu den Sacklöchern gerade mal einen Millimeter tief mit dem Nenndurchmesser der Bohrung, also 3 mm, aufbohrt. Der Gewindebohrer findet jetzt eine Führung, er zentriert sich quasi von selbst. Trotz dieser Hilfe ist es weiterhin wichtig darauf zu achten, daß der Bohrer nicht schief zieht (vgl. 4.1.2.: Die Spannpratzen – Gewindeschneiden).

Der Rohling des Umsteuerventils wird nun mit einer der beiden Spiegelplatten verschraubt. Haben wir sauber gearbeitet, lassen sich beide Teile problemlos verbinden. Der in **Bild 52** gezeigte Ausrichtevorgang ist entscheidend für das weitere Gelingen der Maschine. Nach dem Festziehen der Schrauben muß die Oberkante des Umsteuerventilkörpers absolut plan zur Maßbezugskante der Spiegelplatte sein. Spätestens jetzt wird deutlich, warum so viel Wert auf die Qualität dieser Maßbezugskante gelegt werden mußte. Alle noch folgenden Ausrichtvorgänge und Messungen beziehen sich immer wieder auf sie.

Die zweite Spiegelplatte schraubt man jetzt mittels Abstandsbolzen und Hüllrohren gegen die beiden anderen Bauteile, richtet sie ebenfalls auf der Glasplatte aus und zieht dann die Muttern gerade so fest an, daß sich die Bauteile nicht mehr verdrehen lassen. Zwei 3-mm-Silberstahlwellen, durch die vier Lagerbuchsen gesteckt, garantieren eine zusätzliche korrekte Ausrichtung. Auch die nicht verschraubte Seite muß jetzt vollkommen bündig mit dem Ventilkörper sein. Mit einem 3-mm-Bohrer markiert man anschließend durch die entsprechenden Löcher der zweiten Spiegelplatte hindurch die Position der beiden noch verbleibenden Gewindebohrungen. Aber bitte nur markieren und nicht gleich bohren! Dazu stellt man den Maschinengrundkörper mit entsprechenden Unterlagen hochkant auf den Bohrtisch **(Bild 53)** und bohrt gerade so tief, bis im Material des Umsteuerventils

Bild 52

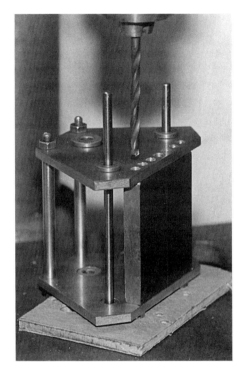 

Bild 53   Bild 53a

ein kleiner Trichter entstanden ist. In diese Vertiefung faßt später der 2,5-mm-Kernbohrer für M3 wieder ein, und die Bohrung wird genau dort sitzen, wo wir sie haben wollen.

Nachdem auch die letzten zwei M3-Gewinde geschnitten sind, montiert man erneut Spiegelplatten und Umsteuerventil und richtet sie auf dem Kopf stehend auf der Anreißplatte aus. Der alles entscheidende Moment ist gekommen: Durch die 4-mm-Lagerbuchsen schiebt man eine sauber entgratete gerade 4-mm-Silberstahlwelle, jenes Material, aus dem später unsere Kurbelwelle entstehen wird. **Bild 54** zeigt, wie es aussehen soll. Läßt sich die Welle in den Lagern problemlos leicht und locker drehen und auch vorwärts und rückwärts schieben, ohne daß etwas hakt oder klemmt, haben wir so gut wie gewonnen.

Die nächste Messung gibt uns endgültige Gewißheit über das bisher Geleistete. Die Höhe der Nadel des Parallelanreißers wird über der Anreißplatte so eingerichtet, daß die Spitze die Welle in der Nähe einer Lagerbuchse gerade eben tangiert. Schiebt man die Nadel in dieser Einstellung über die Welle, hört man ein leises Klingen. Mit unveränderter Einstellung wiederholt man die Messung auf der anderen Seite sowie in der Mitte zwischen den Spiegelplatten. Hat die Welle überall den gleichen Abstand zur Anreißplatte, ist auch der Ton bei jedem Test der gleiche, dann ist alles o.k.! Wir haben erfolgreich die Grundvoraussetzungen für eine gut funktionierende Maschine geschaffen!

Bild 54

Erkennen wir dagegen eine erhebliche Höhendifferenz von mehreren Zehntelmillimetern oder mehr, sieht es für die Zukunft der Maschine düster aus. Die Fehlersuche beginnt – am besten man prüft noch einmal jeden bislang durchgeführten Arbeitsablauf, kontrolliert die bearbeiteten Kanten und mißt die Abstände der Bohrungen zueinander sowie alle vorgegebenen Abmessungen noch einmal nach. Wenn alles nichts hilft – schade – aber es lohnt nicht, weiterzuarbeiten: Alles zurück auf Anfang!

Aber wir sind Optimisten und gehen davon aus: Alles hat bestens geklappt. Wenden wir uns also den letzten Bohrungen im Ventilkörper zu und markieren sie auf die nun bekannte Weise per Bohrer. Bevor wir anschließend alles wieder demontieren, muß noch die Lage der drei Bauteile zueinander durch eine Markierung gekennzeichnet werden.

Zum Bohren spannt man das Umsteuerventil wieder auf einem Stück Rundmaterial ruhend in den Maschinenschraubstock. Die beiden durchgehenden Bohrungen, jeweils im Abstand von 5 mm zur Mittellinie, werden von jeder Seite aus 20 mm tief unter ständigem Lüften des Bohrers eingebracht. Wer hier nicht aufpaßt, riskiert den Bohrer abzubrechen. Also fährt man ihn immer wieder vollständig aus dem Loch, wartet bis sämtliche Spanrückstände vom Bohrer geflogen sind und bohrt erst dann weiter. Gleiches gilt natürlich auch für die mittleren, nicht durchgehenden Bohrungen, durch die später der Frischdampf bzw. der Abdampf strömen wird. Erst wenn diese Aktionen beendet sind, kümmern wir uns um den verbleibenden „Kleinkram". Die im Abstand von 10 mm zur Mittellinie liegenden 3 mm tiefen Bohrungen sind kaum erwähnenswert. Im Maschinenschraubstock gespannt, läßt sich der Steg zwischen ihnen und den 40-mm-Durchgangslöchern sauber von Hand mit einem in der Minibohrmaschine gespannten 2- oder 3-mm-Kugelfräser entfernen. Mit der maximal zulässigen Spannung bringen wir das Gerät auf die höchstmögliche Drehzahl, schließlich braucht man schon einige zigtausend Umdrehungen, um einwandfrei mit so einem Werkzeug zu arbeiten.

Bleibt noch, die vier Bohrungen zur Aufnahme des Regelkopfes und zur Dampfverteilung auf der Oberseite der Platte anzureißen und zu bohren. Merke: Die mittlere Bohrung ist ein Durchgangsloch, die vier übrigen enden in den jeweiligen „langen Löchern". Ist doch klar? Beim Bau des Prototyps wanderte das erste Umsteuerventil genau wegen dieser kleinen Unaufmerksamkeit in die Tonne!

Zum Schluß feilen wir noch die Fase an, die verhindert, daß die schwingenden Zylinder gegen das Umsteuerventil schlagen.

Nun haben wir auf dem Weg zur fertigen Maschine bereits soviel angerissen, gesägt, gefeilt und gebohrt, daß die Anfertigung von Teil 3, dem Regelkopf des Umsteuerventiles, im Grunde nicht besonders erklärt werden muß. Es gibt jedoch in der Zeichnung eine bislang unbekannte Maßangabe, die der Erklärung bedarf: 5 x 45° besagt, daß wir von den Körperkanten aus jeweils 5 mm anzureißen haben und die Schnittpunkte dieser Linien mit den Kanten untereinander verbinden müssen. Heraus kommt der gewünschte Winkel von 45°. Eigentlich gibt es keinen besonderen Grund, dieses Bauteil achteckig zu feilen, ein schlichtes quadratisches Stück Messing mit einem Hebel dran tut's auch. Aber es macht Spaß, den Regelkopf so zu gestalten, wie er vorgegeben ist. Außerdem ist er ein kleines Schmuckstück: Gut sichtbar oben auf unserer Maschine zeugt er von den handwerklichen Fähigkeiten des Eigners. Ist das nichts?

Erwähnenswert ist vielleicht noch die Anfertigung der halbrunden Nut, durch die der Dampf, von der Hauptleitung kommend, strömen muß, bevor er auf die entsprechenden Zylinder verteilt wird. Man bohrt zunächst mehrere Löcher so dicht es geht nebeneinander auf dem angerissenen Lochkreis (LK) und entfernt anschließend das restliche Material mit dem oben erwähnten, in die Minibohrmaschine gespannten kleinen Kugelfräser **(Bild 55)**.

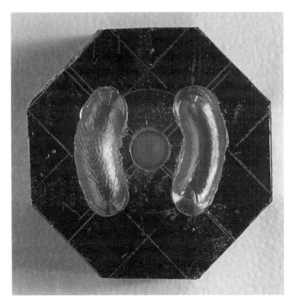

Bild 55

Der Hebel für die Servoansteuerung (Teil 4) besteht aus einem Stück 3-mm-Rundmessing, dessen eines Ende ausgeglüht und anschließend im Schraubstock flachgepreßt wird. Diesen Vorgang wiederholt man mehrmals, bevor zum Schluß, nach erneutem Ausglühen, die Oberfläche mit dem Schlosserhammer beidseitig auf der Abrichtplatte des Schraubstocks geglättet wird. Mit Feile und Schleifpapier entfernt man den Grat und bringt das Teil in die endgültige Form. Bleibt noch, die Löcher zur Aufnahme des Servogestänges zu bohren und den fertigen Hebel abzuwinkeln, bevor er in die vorgesehene Bohrung von Teil 3 gelötet wird.

Der Regelkopf soll dampfdicht auf der Oberseite des Ventilkörpers gleiten. Dazu ist es nötig, beide Teile aufeinander einzuschleifen. Auf unsere Glasplatte, die wir zuvor schon für das Säubern der Spiegelplatten verwendet haben, geben wir ein paar Tropfen eines Haushaltsstahlreinigers zusammen mit der gleichen Menge Öl. In diese Emulsion legen wir den Regelkopf hinein und glätten seine Unterseite durch kreisende Bewegungen unter leichtem, gleichmäßigem Druck. Der Fachmann nennt diesen Arbeitsgang „Läppen" und verwendet dazu eine spezielle Läppaste. Wir erreichen das gleiche Ergebnis mit Stahlfix oder ähnlichen Haushaltsprodukten. Während man den Kopf in kleinen Kreisen über die Scheibe bewegt, spürt man, wie er sich immer mehr festsaugt. Ein Zeichen dafür, daß die Fläche bereits ausreichend plan ist. Der Kopf wird in Petroleum oder Verdünnung sauber ausgewaschen, kein noch so kleiner Rest des Poliermittels darf sich mehr in den Nuten verstecken.

Die Oberseite des Ventilkörpers bleibt zunächst unbehandelt.

Zum Schluß fertigen wir den Bolzen (5) an, um den sich der Kopf drehen wird und mit dessen Hilfe die Andruckkraft des Kopfes am Ventilkörper einzuregeln ist.

Auf ein 25 mm langes Stück 3-mm-Silberstahl ist beidseitig ein 8 mm langes M3-Gewinde zu schneiden, weiter nichts. Kein Problem für den, der es schon mal gemacht hat. Für alle anderen hier ein paar kleine Hilfestellungen: Das abgelängte Stück Silberstahl spannt man zwischen Alubacken fest im Schraubstock und feilt das jeweils herausragende Ende rundherum schräg an. Auf diese Spitze setzt man das im Halter gespannte Schneideisen, gibt einen Tropfen Maschinenöl hinzu und dreht es unter leichtem Druck eine halbe Umdrehung rechts herum. Das Schneideisen sollte jetzt bereits gefaßt haben, d.h., es läßt sich nicht mehr nach oben abheben. Falls doch, feilen wir das Ende des Rundstahls noch etwas spitzer und wiederholen den Vorgang. Sobald das Schneideisen gefaßt hat, gehen wir in die Hocke und kontrollieren, ob es rechtwinklig auf dem Rundstahl sitzt. Wenn nicht, richten wir es und drehen dann beidhändig, nun wieder stehend, eine Viertelumdrehung weiter. Kniebeugen sind gesund, also geht es wieder abwärts, zur zweiten Kontrolle. Auch nach dem Weiterdrehen muß das Schneideisen waagerecht über dem senkrecht gespannten Stahl sitzen. Noch zwei bis drei weitere Viertelumdrehungen, dann hat es ein Ende mit den Kniebeugen, denn jetzt muß alles stimmen, Korrekturmöglichkeiten gibt es nicht mehr. Das Windeisen wird ab jetzt um eine halbe Umdrehung weitergedreht, dann wieder ein Viertel zurück. Dadurch bricht der Span, die Gänge des Eisens sind frei für die nächste halbe Umdrehung. Dieser Vorgang wiederholt sich, bis eine Gewindelänge von 8 mm erreicht ist.

Am Ende bleibt am Übergang zwischen Gewinde und Bolzen ein kleiner Grat, der mit einer feinen Schlüssel- oder Nadelfeile beseitigt wird.

Bild 56

Wie Regelkopf und Ventilkörper mit Bolzen, Scheiben und Muttern zu verbinden sind, zeigt **Bild 56**.

8.5. Die Kurbelwelle

Die Rohlinge zur Herstellung der Kurbelwangen werden grob aus entsprechendem Flachmaterial geschnitten und in folgender Reihenfolge bearbeitet: Zum Paket verlöten, Maßbezugskante anreißen und bearbeiten, die übrigen Seiten anreißen und feilen, Mittellinie anreißen und schließlich körnen. Schnell sind die Arbeitsschritte aufgezählt, doch dahinter verbirgt sich so mancher Stolperstein, der das Projekt gefährden könnte.

Die drei Rohlinge sind entsprechend ihrer späteren Position auf der Welle zusammenzulöten, d.h., das 6-mm-Stück kommt in die Mitte, links und rechts daneben je ein 3-mm-Plättchen *(Bild 57)*. Sind alle drei Teile mit Lötzinn versehen, aufeinandergelegt und ausgerichtet, müssen sie mit einem Schraubendreher, einer Zange

Bild 57

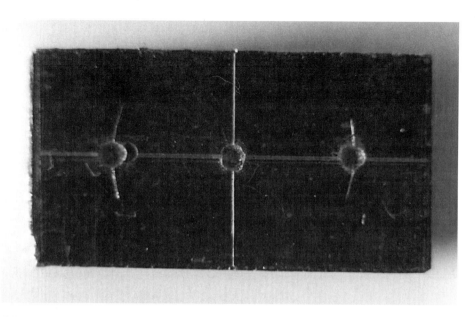

Bild 58

o.ä. bis zum Erstarren des Zinns kräftig zusammengedrückt werden, damit sie auch wirklich plan aufeinanderliegen. Nur so ist sichergestellt, daß die einzubringenden Bohrungen später senkrecht durch jedes Bauteil gehen, richtiges Spannen und Bohren vorausgesetzt. Wir messen den erkalteten Block nach und ermitteln an allen vier Ecken die gleiche Dicke von ca. 12,2 mm. Alles o.k.! Jetzt können die Feilarbeiten beginnen. Es ist gar nicht so leicht, den kleinen Block genau auf das geforderte Maß zu bringen, immer wieder müssen wir messen, die Kanten mit dem Winkel prüfen. Haben wir das Flächenmaß von 10 x 20 mm erreicht, wird jeweils die senkrechte und waagerechte Mittellinie angerissen. Mit dem Zirkel schlagen wir einen Kreisbogen mit dem Radius 6 mm um den Schnittpunkt der beiden Linien. Auf die so konstruierten drei Schnittpunkte setzt man je einen schwachen Körnerpunkt. Auch wer über ein ausgezeichnetes Sehvermögen verfügt, ist spätestens jetzt gut beraten, eine Lupe zu benutzen, um die Position der Körnerpunkte zu beurteilen. Sie müssen ganz genau auf den Schnittpunkten liegen, nicht drüber oder drunter, nicht links oder rechts davon. Alle weiteren Schritte hängen von der exakten Position dieser winzigen Markierungen ab. Wie man fehlerhafte Körnerpunkte korrigiert, ist in Kapitel 4.1.1.4. erklärt. Entsprechen die Körnerpunkte den Vorgaben in **Bild 58**, wird gebohrt. Dazu spannt man das Paket, wie auf **Bild 59** zu sehen, mit der Klemmplatte. Aber Achtung! Die klemmende Seite der Spannpratze muß ein wenig niedriger eingerichtet sein als ihr hinteres Ende. Andernfalls verkantet sich der zu spannende Block, die Bohrung wird garantiert schief.

Wir bohren wieder behutsam mit dem 2-mm-Bohrer vor und vergessen dabei nicht, ihn ständig zu lüften. Erst dann erweitert man auf das Nennmaß von 4 mm. Für diesen Arbeitsgang sollte man einen neuen Qualitätsbohrer verwenden, Billigware vom Wühltisch ist nicht zu empfehlen.

Bild 59

Bevor wir den Block umspannen, um das nächste Loch zu bohren, muß die Unterseite der zuletzt eingebrachten Bohrung entgratet werden. Täte man dies nicht, stünde der erneut gespannte Block durch den winzigen, nach außen weisenden Grat schief auf der Unterlage, die nächste Bohrung wäre nicht rechtwinklig.

Solange das Paket noch verlötet ist, bohrt man in die Schmalseite des mittleren Teils (7) zwei 2,5-mm-Löcher dort, wo später die Feststellschraube sitzen soll und schneidet anschließend die M3-Gewinde ein.

Bild 59a

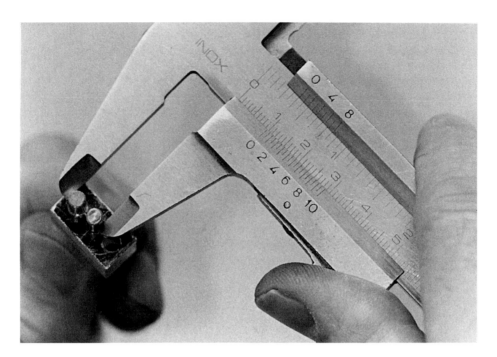

Bild 60

Selbst wenn wir bis hierhin mit äußerster Sorgfalt gearbeitet haben, ist noch nicht sicher, ob alle Bohrungen auch exakt den gleichen Abstand zueinander haben. Von Mittelpunkt zu Mittelpunkt jeder Welle sind es 6 mm, plus zweimal die Hälfte des Wellendurchmessers ergibt einen Abstand von 10 mm über beide Wellen. Wir stecken zwei 4-mm-Rundstähle, wie in **Bild 60** gezeigt, durch die mittlere und eine der äußeren Bohrungen und messen nach. Bewegt sich das Ergebnis zwischen 10,0 mm und 9,5 mm ist alles o.k. Wir stecken die äußere Welle auf die andere Seite und messen erneut. Sind beide Werte gleich groß, dürfen wir uns als echte Könner bezeichnen. Meistens differieren sie aber geringfügig. Überschreitet der maximale Wert 10,0 mm, bedeutet das für unsere Kurbelwangen das Aus. Die hier eingesetzte Kurbel würde den Hub der betreffenden Kolben vergrößern, im schlimmsten Fall schlügen sie bei jeder Aufwärtsbewegung gegen die Zylinderdeckel. Unterschreiten wir dagegen die 9,5-mm-Marke, wird der Hub kleiner, die Maschine leistet weniger. Bleiben wir aber innerhalb der Toleranz, verringert sich der Abstand unserer Wellen zueinander nur um maximal 0,25 mm, der Hub wird also um diesen Betrag vermindert. Damit können wir ohne Zweifel leben.

Würde man die beim Bohren bestehende Position der Platten später vertauschen, erhielte man bei differierenden Wellenabständen eine krumme Kurbelwelle. Deshalb müssen nach dem Bohren Markierungen gesetzt werden, die ein späteres Vertauschen der drei Teile ausschließen **(Bild 61)**.

Es ist Zeit, das Paket auseinanderzulöten. Die Trennung der heißen Teile erfolgt wieder mit dem Cuttermesser, die Flächen werden anschließend per Glasscheibe und

Bild 61

Schleifpapier von Lötzinnresten befreit. Die Bohrungen weisen geringfügige Lötzinnansätze auf, weshalb sie mit einem 4-mm-Bohrer von Hand zu entgraten sind. Die Welle muß nach dieser Behandlung leicht durch die Bohrung gleiten, ohne darin zu wackeln.

Wie gut unsere drei Kurbelwangen gelungen sind, testen wir jetzt: Drei sauber entgratete Stücke 4-mm-Silberstahlwellen, eine ca. 70 mm (Teil 8), die anderen beiden ca. 50 mm lang, schiebt man, wie in **Bild 62** zu sehen, durch die jeweiligen Bohrungen. Wir achten darauf, daß die Wangen so zueinander liegen, wie sie auch gebohrt wurden, mit ihren Markierungen nach oben. Entspricht unsere Anordnung dem **Bild 62**, schieben wir die äußeren Wangen von der Mitte nach außen. Falls eine schon vor Erreichen des Endes der 50 mm langen Wellen nicht mehr weiter will, haben wir entweder ein Bauteil vertauscht, oder uns ist beim Bohren wider Erwarten ein Mißgeschick passiert, das zu einer schiefen Bohrung geführt hat. Schade, in diesem Fall fangen wir besser gleich von vorn an.

Hat dagegen alles geklappt, dann vertauschen wir die Teile – die linke Wange nach rechts, die rechte nach links – und wiederholen den Test. Haben wir gut gearbeitet, d.h. präzise angerissen und genau gebohrt, lassen sich die beiden Teile wiederum problemlos bis an das Ende der kurzen Wellen fahren. Der Beweis ist erbracht, daß alle drei Bohrungen senkrecht zueinander stehen **(Bild 63)**. Wenn nicht: Alles noch mal auf Anfang!

Bild 62

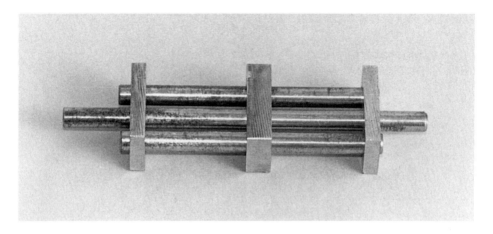

Bild 63

Nach diesem letzten Test werden die überflüssigen Enden der Wangen (6) entlang der gestrichelten Linie auf eine Gesamtbreite von 14 mm abgelängt und die Seiten der Bohrungen, in denen die Wellen verlötet werden, gesenkt. Normalerweise benutzt man dazu einen 90°-Senker, wer keinen hat, behilft sich mit einem 6-mm-Bohrer.

8.5.1. Die Welle und Kurbeln

Bauteil 8, die 70 mm lange Welle, haben wir bereits angefertigt. Bleibt noch, die beiden Kurbeln (Teil 9) abzulängen und die 7 mm breite Fläche sorgfältig mit einer Schlüsselfeile anzufeilen. Sie muß, so gut es geht, parallel zur Wellenachse liegen, da sich die Kurbel sonst bei der Montage verzieht und dadurch nicht rechtwinklig zur Wange steht. Am besten, wir kontrollieren mit dem Meßschieber am Anfang und am Ende die verbliebene Materialstärke. Sind beide Werte gleich groß, ist die Fläche exakt parallel zur Wellenachse.

Die so vorbereitete Kurbel wird bündig in eine der äußeren Bohrungen des Mittelstücks gesteckt und mit einem Gewindestift M3 fixiert. Mit dem Anschlagwinkel prüfen wir, ob die Kurbel rechtwinklig zur Wange steht. Analog verfährt man mit der anderen Seite. Durch die mittlere Bohrung steckt man die 70 mm lange Welle und schiebt von außen die beiden anderen Wangen darüber, bis der Abstand Außenseite Kurbelwelle – Außenseite Mittelstück 21 mm beträgt. Das Ergebnis ist in **Bild 64** zu sehen.

In dieser Ausrichtung wird die Welle hartgelötet. Keine große Sache, wenn wir genau so vorsichtig mit der Flamme umgehen, wie schon beim Verlöten der Einlötringe in den Kesselboden (vgl. Kapitel 6.5.). Die zu verlötenden Bauteile werden auf einem Schamottstein ausgerichtet und die per Gewindestift am Kurbelwellenverbindungsstück fixierten Kurbeln so in die Bohrung der äußeren Wangen gesteckt, daß sie am freien Ende um wenige Millimeter herausschauen. Bedingt durch die gesenkten Bohrungen entsteht rund um das herausragende Wellenende eine kleine Rinne, in die das Lot eindringen kann. Ohne diese Vertiefung

Bild 64

wäre eine feste Verbindung nicht garantiert, das Lot hätte kaum Platz, zwischen Bohrung und Welle zu dringen.

Mit dem 14-mm-Punktbrenner erhitzt man jetzt die Welle(n) in Wangennähe. Es bleibt genug Hitze übrig, um auch das Messingteil noch zum Glühen zu bringen. Nur ein Hauch von Zinn ist nötig, und schon ist eine unlösbare Verbindung entstanden. Die **Zeichnung 13** hilft, die richtigen Lötpunkte zu finden.

Anschließend sägt man die in der Zeichnung schraffierten Teile mit einer kleinen PUK-Säge heraus. Die Kurbelwelle wird dazu, wie in **Bild 65** zu sehen, in den Schraubstock gespannt. Auf keinen Fall darf das Bauteil mit einem freien Wellenende gefaßt werden; die beim Sägen auftretenden Biegekräfte würden alle Arbeit zunichte machen! Danach ist der Zeitpunkt gekommen, die Gewindestifte zu lösen, die Kurbelwelle auseinanderzunehmen, alle Teile von Flußmittelrückständen zu reini-

Zeichnung 13

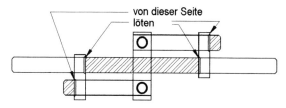

schraffierte Stücke heraustrennen

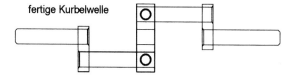

Bild 65

gen (vgl. Kapitel 6.5.1.) und die verlöteten Wellenenden mit den Wangen bündig zu feilen. Ein Stück Silikonschlauch über Kurbelzapfen bzw. Wellenenden geschoben, schützt vor Beschädigungen.

Sind alle Teile sauber abgearbeitet, wird die Kurbelwelle erneut montiert. Achtet man auf die korrekte Position der markierten Teile, muß sich die Welle problemlos zusammenfügen lassen, ohne dabei zu verdrehen, d.h., die drei Wangen stehen mit der langen Schmalseite plan auf der Anreißplatte und dürfen nach dem Festziehen der Gewindestifte ihre Position nicht verändert haben.

Wenn das doch passiert, muß die angeflachte Stelle der betreffenden Kurbel nachgearbeitet werden. Später, bei der Montage der Maschine, gibt es keine Möglichkeit, die Kurbelwelle auf einer Platte auszurichten, dann müssen die Gewindestifte die Kurbelzapfen in die richtige Position zwingen und dort halten. Ein guter Grund, bereits jetzt wieder und wieder zu prüfen, ob die Montage einwandfrei gelingt. Erst dann bauen wir die Welle in die Maschine ein.

Bild 66 erklärt den nächsten, alles entscheidenden Schritt, die Prüfung der montierten Kurbelwelle. Wenn wir alle vorherigen Messungen peinlich genau vorgenommen haben, sollte diese die bisherigen Ergebnisse bestätigen. Wieder tastet man mit dem abgewinkelten Teil der Nadel die maximale Höhe des jeweiligen Kurbelzapfens „über Grund" ab. Ideal, wenn beide Kurbeln das gleiche Ergebnis liefern. Von viel größerer Bedeutung ist aber die Frage, ob die Höhe eines Kurbelzapfens an der Wange und am mittleren Verbindungsstück gleich groß ist. Wenn ja – prima – Kurbel, Kolben und Zylinder werden später perfekt rechtwinklig zueinander laufen. Wenn nicht, ist das Ende unserer Kurbelwelle nahe, denn das hieße, sie würde Kolben und Zylinder aus der Senkrechten bewegen, die Dampfdichtigkeit zwischen Spiegelplatte und Zylinderspiegel wäre dahin. Schlaue Zeitgenossen mögen vielleicht auf die Idee kommen, diesen kleinen Fehler durch gezielte Hammerschläge oder ähnlich abenteuerliche Aktionen „zurechtzubiegen". Der Erfolg ist aber zumindest zweifelhaft, der eingehandelte Ärger möglicherweise viel zeitraubender als der Neubau der kompletten Welle.

Bild 66

Aber wie gesagt, wir sind optimistisch, haben sorgfältig gearbeitet, also gibt es keine Höhendifferenz an den Kurbeln. Vielmehr werden wir uns nach dieser letzten Messung eine Pause gönnen, ein paar Minuten lang die Freude über das bislang Geleistete genießen und dabei die von Hand bewegte Kurbelwelle in den Lagern surren lassen, wetten?

8.6. Die Zylinderspiegel

Von dem 40 x 6-mm-Flachmessing für das Umsteuerventil haben wir sicher noch einen Rest behalten, aus dem jetzt die Zylinderspiegel (10) gefertigt werden. Vier kleine Platten einzeln auf Maß zu feilen ist eine mühselige Sache. Einfacher geht's, wenn man zwei Spiegel zunächst als ein Stück bearbeitet. Dazu schneidet man zwei 12 mm breite Streifen von dem Flachmaterial ab und feilt sie auf die Sollbreite von 10 mm. Die Breite der einzelnen Spiegel muß nicht bis aufs Hundertstel mit den Planvorgaben übereinstimmen, auf Winkligkeit und Parallelität der langen Kanten legen wir jedoch wieder besonderen Wert. Eine Oberfläche muß später dampfdicht gegen die Spiegelplatten (1) abschließen. Jegliche Beschädigung dieser Fläche ist daher unter allen Umständen zu vermeiden.

Haben wir eine Seite für diese Aufgabe ausgeguckt, schwärzen wir die andere und reißen von beiden langen Seiten aus die Mittellinie an. Die Bohrpunkte für Dampfbohrung und Pendelachse reißen wir entgegen den bisherigen Empfehlungen „auf kürzestem Wege" von beiden schmalen, gezogenen Außenkanten aus an.

Zum Bohren spannt man die Teile auf die Klemmplatte. Die 1-mm-Dampfbohrung einzubringen ist unkritisch, wenn man daran denkt, den Bohrer zu lüften. Besondere Aufmerksamkeit verlangt dagegen die 3-mm-Bohrung, in welche die Pendelachse eingesetzt wird. Sie muß absolut maßhaltig und senkrecht sein. Auf keinen Fall darf sie z.B. durch einen unsymmetrisch geschliffenen Bohrer zu groß geraten, denn dann würde die Achse in der Bohrung klappern und ließe sich kaum winklig fixieren. Die Folge: Eine schiefe Pendelachse drückt den Zylinderspiegel einseitig von der Spiegelplatte, Parallelität und damit die Dampfdichtigkeit wären dahin. Die Maschine liefe, wenn überhaupt, nur unter reichlichem Dampfverlust. Um keine bösen Überraschungen zu erleben, ist es auf jeden Fall ratsam, zunächst in einem Reststück 6-mm-Messing mit dem in Frage kommenden Bohrer einen Test durchzuführen und mit einem Stück 3-mm-Silberstahlwelle die Maßhaltigkeit der Bohrung zu prüfen. Erst wenn wir sicher sind, daß der benutzte Bohrer auch wirklich das geforderte Maß bringt, können die vier Zylinderspiegel gebohrt werden. Nicht vergessen: Nach jedem Bohrvorgang ist die neue Bohrung von der Rückseite her zu entgraten, sonst läßt sich das Bauteil für den nächsten Arbeitsgang nicht plan einspannen (vgl. 8.5.).

Zusätzlich gilt auch hier wieder: Korrekte Drehzahl, lüften und mäßiger Vorschub sind der halbe Weg zu einer senkrechten Bohrung! Das Ergebnis sollte aussehen wie auf **Bild 67**.

Als nächstes feilt man mit der Dreikantfeile entlang der Mittellinie eine etwa 1 mm tiefe Nut, die gleich anschließend mit einer runden Schlüsselfeile bis auf knapp 2 mm vertieft wird. Die Hohlkehle zur Aufnahme der Zylinder arbeiten wir letztlich

Bild 67

Bild 68

mit einer halbrunden Schlüsselfeile heraus. Von Zeit zu Zeit ist das Werkstück auszuspannen und die erreichte Tiefe der Rundung mit dem Meßschieber zu prüfen. Da das Messen in der noch unsauberen Rundung keine eindeutigen Ergebnisse bringt, plaziert man das Werkstück zur Kontrolle auf der Anreißplatte, legt ein Stück 10-mm-Messingrohr (jenes Material, aus dem anschließend die Zylinder zugeschnitten werden) in die Vertiefung und tastet mit dem Parallelanreißer die Höhe beider Rohrenden über der Glasplatte aus *(Bild 68)*. Letztlich muß das Rohr dabei vollflächig in der Vertiefung ruhen und darf nicht kippen. Ist das Ergebnis zufriedenstellend, d.h., beide Pärchen haben die gleiche Höhe über der Glasplatte, folgt die sattsam bekannte Markierung. Am besten, man schlägt in die lange Schmalseite über den noch auszuführenden Schnitt in der Mitte des Bauteils eine Marke: einen Strich für das erste Zylinderpaar der ersten (linken) Maschine, zwei Striche für die zweite *(Bild 69)*. Bleibt noch, die kleine Nut in die Spiegelfläche zu feilen, eine

Bild 69

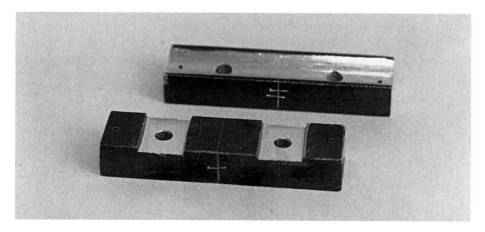

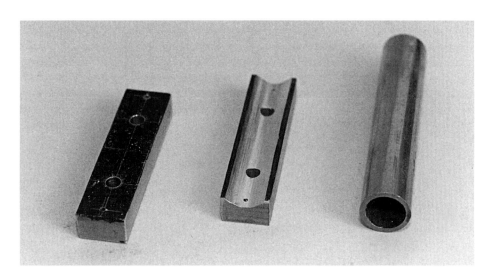

Bild 70

zugegeben etwas knifflige Sache, die uns viel Fingerspitzengefühl abverlangt. Rutscht man mit der Feile aus und beschädigt die verbleibende Spiegelfläche nachhaltig, bleibt für das Paar nur der Weg in die Tonne. Die betroffene Fläche zu befeilen oder die Kratzer abzuschleifen und das andere Pärchen danach auf die veränderten Maße anzupassen, führt zum Mißerfolg. Man sollte keinen Gedanken daran verschwenden.

Hat dagegen alles geklappt, sehen unsere vier Zylinderspiegel jetzt aus wie auf **Bild 69** und **Bild 70**.

Jetzt ist der Zeitpunkt gekommen, die Spiegel zu trennen und die Schnittflächen auf Maß zu feilen. Messen wir anschließend die Länge der einzelnen Spiegel nach,

Bild 71

werden wir Werte um 19,5 mm ermitteln. Diese Maßabweichung von den Planvorgaben ist nicht weiter tragisch, schließlich haben wir ja alle wichtigen Maße von den gezogenen schmalen Außenkanten aus angerissen, die Länge nach unten hin ist unkritisch.

Fehlt noch Teil 11, die Pendelachse. Auf das eine Ende eines 25 mm langen Stückes 3-mm-Silberstahlwelle schneiden wir ein M3-Gewinde, das andere bleibt weitgehend unbearbeitet. Man entfernt nur grob den Grat und steckt die Welle dann in die Bohrung des jeweiligen Zylinderspiegels. Ist sie maßhaltig gelungen, wird sich die Welle stramm hineindrücken lassen und von selbst halten. Natürlich muß sie dabei absolut senkrecht stehen. Jetzt sollten unsere Zylinderspiegel dem **Bild 71** entsprechen.

8.7. Die Zylinder

Die Herstellung von Zylindern erfordert eine Drehmaschine, das ist jedem Modellbauer aus diversen Bauberichten und Gesprächen mit Dampffreunden sicherlich bekannt. Kaum zu glauben, daß wir völlig ohne auskommen sollen. Das Geheimnis liegt wieder einmal in der richtigen Wahl der eingesetzten Halbzeuge. Die Zylinder unserer Maschine (12) bestehen aus gezogenem Messingrohr von 10 x 1 mm, die Kolben aus poliertem Rundstahl nach DIN 175 von 8 mm Durchmesser, dem allseits bekannten Silberstahl (vgl. Kapitel 3.4.). Haben wir gut eingekauft, sind beide Materialien so genau aufeinander abgestimmt, daß sich eine Nachbearbeitung erübrigt. Allerdings dürfen wir uns keinen Materialverlust erlauben. Für alle weiteren Arbeiten an diesen Bauteilen gilt deshalb:

Die Innenseiten der Zylinder sind unbedingt vor Beschädigungen zu schützen, das Rohr darf nicht verdrückt werden!

Zum Schneiden spannt man es zwischen den V-förmigen Nuten der Alubacken.

Wir erinnern uns an den Trick mit dem Papierstreifen (vgl. Kapitel 5.1.), der schon beim Bau des Öl- und Wasserabscheiders zu einem geraden Schnitt verhalf, und längen ein Stück Messingrohr auf 52,0 mm ab. Wie schon die Zylinderspiegel, werden wir auch diese Bauteile paarweise bearbeiten. An den Schnittstellen entsteht innen und außen ein Grat. Während man den äußeren mit einer Feile beseitigt, wird der innere mit einem schmalen Cuttermesser herausgeschnitten. Auf keinen Fall darf mit einer Rundfeile oder einem 8-mm-Bohrer durch das Rohr gefahren werden. Dies hinterläßt Kratzer an der Innenwand, die Paßgenauigkeit wäre dahin.

8.7.1. Die Zylindermontage

Wichtigstes Hilfswerkzeug bei der Montage der Zylinder ist ein Stück Winkelstahl, auf dem Zylinderspiegel und Zylinder, wie in **Bild 72** gezeigt, zum Verlöten ausgerichtet und fixiert werden. Die Oberfläche eines der Schenkel muß sauber und plan sein, etwa vorhandene Farbreste, Rost o.ä. ist vor allen weiteren Arbeiten sorgfältig zu entfernen. Erst dann bohren wir zwei 3-mm-Löcher im Abstand von 32

Bild 72

mm, wie in **Zeichnung 14** zu sehen. Der zweite Schenkel wird mittig mit ca. 6 mm durchbohrt, hier fädeln wir später den Draht ein, der unser Arrangement während des Lötens in Position hält.

Der aufmerksame Leser wird anmerken: „Löten auf einem Stahlwinkel? Was ist, wenn überschüssiges Lötzinn meine mühevoll bearbeiteten Spiegelplatten mit dem Winkel für immer verbindet? Ist es nicht sinnvoller, einen Aluwinkel einzusetzen?" Die ersten Versuche, die Zylinderspiegel des Prototyps auf einem 3 mm dicken Aluwinkel zu löten, gerieten zur Katastrophe. Bereits nach wenigen Wiederholungen des Montageablaufes waren die Bohrungen in dem weichen Material „ausgeleiert", die Pendelachsen hatten freies Spiel in alle Richtungen, die Zylinder schlossen letztlich nicht dampfdicht gegen den Spiegel. Dabei sind es gerade diese bei-

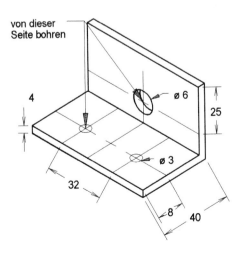

Zeichnung 14:
Schablone
zum Löten der
Zylinder

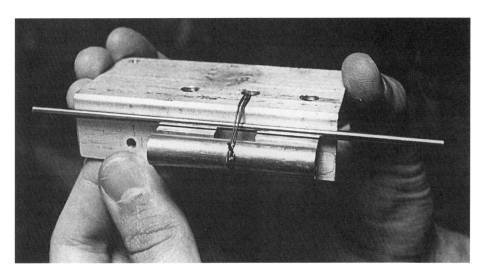

Bild 73

den Löcher, die nochmals unsere ganze Aufmerksamkeit verlangen, denn ihnen kommt eine Schlüsselrolle für die Funktion der Maschine zu. Entscheidend für die Brauchbarkeit ist die Materialdicke, mindestens 4 mm dicke Schenkel garantieren einen sicheren Halt der Pendelachsen. Wenn dann noch die Bohrungen, wie in **Zeichnung 14** gezeigt, von der Rückseite, also von der Innenseite des Winkels aus eingebracht werden, sind wir schon fast auf der Siegerstraße. Aber nur, wenn der betreffende Schenkel plan auf dem Bohrtisch liegt, werden die Löcher auch senkrecht sein. Sind die 3-mm-Löcher gebohrt, steckt man ein möglichst langes Stück Welle hindurch und prüft die Winkligkeit per Anschlagwinkel. Erst wenn die Welle mehr als 30 mm aus der Bohrung herausragt, sind Winkelfehler deutlich erkennbar.

Die Bohrungen sind zu entgraten und die Schenkel von Spänen zu säubern, bevor wir uns dem Problem einer unerwünschten dauerhaften Verbindung zwischen Winkel und Zylinderspiegel zuwenden können. Die Lösung ist simpel: Den Schenkel, auf dem gelötet wird, reiben wir mit Öl ein. Zugegeben, es riecht etwas streng, wenn die Flamme nachher auf den öligen Stahl schlägt, aber durch diesen kleinen Trick sind wir vor unliebsamen Überraschungen sicher.

Den fertig behandelten Winkel spannt man so in den Schraubstock, daß die durch die Bohrungen gesteckten Pendelachsen oben gerade noch 4 mm herausschauen, die Gewindeenden ruhen auf dem Schraubstock. Die Stirnseiten der Achsen müssen nach dem Aufsetzen der Zylinderspiegel einer Maschine (Markierung beachten) bündig mit der Hohlkehle abschließen, erst dann legen wir das Messingrohr hinein. Wurden die 3-mm-Bohrungen sorgfältig in den Winkel eingebracht, muß das 52,0 mm lange Messingrohr jetzt mit den äußeren Schmalseiten der Zylinderspiegel bündig abschließen. Wenn nicht, ist es entsprechend zu überarbeiten, ggf. auch neu anzufertigen. Stimmt die Länge, nehmen wir das Rohr wieder ab und sägen einen kleinen Schlitz genau in die Mitte, dort, wo es später getrennt wird. Da im folgenden Arbeitsgang die Zylinderdeckel gleich mit aufgelötet werden, entsteht in dem Rohr ein Überdruck, der nicht entweichen kann, wenn der zweite Deckel aufgesetzt ist. Die sich ausdehnende heiße Luft würde immer wieder einen der Deckel förmlich wegblasen. Durch den Schlitz kann der Überdruck entweichen.

Es ist an der Zeit, unsere Anordnung durch die 6-mm-Bohrung des zweiten Schenkels hindurch mit Draht am Winkel festzubinden *(Bild 72)*. Danach ist zu prüfen, ob die beiden Spiegelplatten auch „in Linie" zueinander liegen. Wie man das macht, zeigt **Bild 73**. Ein Stück Rundmaterial wird über die beiden langen Schmalseiten der Spiegel gelegt. Sofort ist erkennbar, ob sie überall Kontakt zur Welle haben. Korrekturen lassen sich leicht durchführen, bevor der Draht nochmals nachgespannt und der Wellentest abschließend wiederholt wird. Mit dem Meßschieber ermitteln wir dann noch die Höhe der werdenden Zylinder über dem Hilfsstück. **Bild 74** zeigt, wie es gemacht wird. Das Meßergebnis von beiden Enden dieser Anordnung darf nicht um mehr als einen Zehntelmillimeter differieren, besser, sie unterscheiden sich überhaupt nicht, dann ist alles o.k. Zeigen sich größere Differenzen, sind folgende Punkte zu prüfen:

- Ist die Oberfläche des Winkels wirklich absolut eben und sauber (auf Spanreste achten!)?
- Sauberkeit der Spiegelflächen prüfen!
- Die Enden des 10-mm-Rohres auf einen eventuell verbliebenen Grat untersuchen und ggf. entfernen.
- Die Hohlkehlen der Spiegel nachmessen und ggf. mit größter Vorsicht überarbeiten.

Bild 74

Die Baugruppe wird weich verlötet, das reicht bei dem geringen Dampfdruck, der später in der Maschine auftreten wird, und den damit verbundenen Temperaturen allemal aus. Wir geben etwas Lötwasser in den Spalt zwischen Zylinder und Spiegel, es fließt in alle Fugen, Spalten und Ritzen und benetzt die Enden der Pendelachsen ebenfalls. Auch wenn das verwendete Lötzinn ein Flußmittel enthält, empfiehlt es sich, Lötwasser zu verwenden. Das Zinn läuft wesentlich besser, und wir erhalten eine saubere Naht.

Gelötet wird mit der kleinen Flamme des 14-mm-Punktbrenners. Auf keinen Fall dürfen die winzigen Bauteile rotglühend werden. Hat die Baugruppe die richtige Temperatur erreicht, gibt man Lötzinn von einer Seite aus zu, problemlos läuft es zur anderen durch. Man sollte sich aber nicht bedingungslos darauf verlassen und die zweite Seite ruhig noch einmal nachlöten.

Das Anlöten der entlang der gestrichelten Linie zugeschnittenen 0,5 mm dicken Zylinderdeckel (13) verlangt Fingerfertigkeit. Wohl dem, der eine helfende Hand mobilisieren kann, die den Deckel während des Lötens mit Spitzzange, Pinzette oder ähnlichem gegen die Zylinder drückt.

Aber man kann es auch allein schaffen. Wer beide Bauteile sorgfältig entfettet hat, wird feststellen, daß sich die Plättchen schon durch die Zugabe von Lötwasser am Zylinder festsaugen. Gibt man nun vorsichtig wenig Lötzinn zu, kann man gleich darauf die Zange greifen und das Plättchen selbst ausrichten und halten. Durch leichtes Wedeln mit der Flamme verläuft das Zinn, und wir bekommen eine saubere Lötnaht.

Überhaupt muß sehr sparsam mit Lötzinn umgegangen werden. Sollte überschüssiges Zinn an den Bauteilen herunterlaufen, wird es mit ziemlicher Sicherheit unter die Spiegel gelangen. Die Folge: Die Spiegelflächen müssen überarbeitet werden, eine sehr schwierige Angelegenheit, die ggf. zu Unebenheiten führt, welche Dichtigkeitsprobleme nach sich ziehen. **Bild 75** zeigt ein fertig verlötetes Zylinderpaar im Rohzustand.

Bild 75

Bild 76

Nach dem Erkalten und Reinigen des verlöteten Bauteils schneidet man zuerst das überschüssige Material der Zylinderdeckel ab und säubert die Kanten. Leider läßt sich in diesem Zustand nicht prüfen, ob die Zylinder auch dicht sind. Uns bleibt nur, bei möglichst heller Beleuchtung alle Lötnähte sorgfältig zu untersuchen und undicht anmutende Stellen gleich noch einmal nachzulöten. Natürlich stecken wir die Baugruppe dazu wieder in den Winkel und fixieren sie abermals mit Draht. Sind die Nähte jedoch zu unserer Zufriedenheit ausgefallen, sägen wir das Zylinderrohr endlich auf der Hälfte durch. Das Bauteil ist dazu im Schraubstock zwischen Filzbacken zu spannen. Sie passen sich der unregelmäßigen Körperform am besten an und verursachen garantiert keine Verformungen *(Bild 76)*. Die Zylinder sind damit im Rohzustand fertig und müssen nur noch von Lötrückständen gesäubert werden. Das offene Ende des Zylinders richten wir wieder fingerfreundlich her und schaben den inneren Grat mit dem Cuttermesser aus.

Jetzt ist der Zeitpunkt gekommen, den Zylinder auf Dichtigkeit zu prüfen. Alles was wir dazu brauchen ist ein sauber entgratetes Stück 8-mm-Silberstahlwelle, ein bißchen Wasser und ein Lappen. Der Zylinder wird halb mit Wasser gefüllt, der Rundstahl eingeschoben und dann das Ganze mit dem Zylinderdeckel nach oben im Lappen gehalten. Drückt man nun den „Kolben" in den Zylinder, baut sich ein spürbarer Druck auf, der nur langsam entweicht. Wir sehen, wie Wasser zwischen Kolben und Zylinder hervorquillt. Das ist die Schwachstelle einer einfachwirkenden oszillierenden Maschine, die ohne Stopfbuchsen auskommen muß. In diesem Bereich sind Verluste unvermeidbar! Ist dagegen der Zylinderdeckel nicht dicht, wird der Druck viel schneller zusammenbrechen, das Wasser in dünnem Strahl am Deckel austreten und fröhlich unsere Werkstatt befeuchten. In diesem ungünstigsten Fall muß nachgelötet werden. Man steckt dazu den Rundstahl in beide Zylinder eines Pärchens und fixiert das Ganze wieder auf der Schablone. Meist

Bild 77

läßt allein durch Zugabe von einem Tropfen Lötwasser die schwache Hitze des Brenners das vorhandene Lot an der betreffenden Stelle in die zu schließende Lücke fließen.

Beim Löten wird höchstwahrscheinlich die 1-mm-Dampfbohrung durch Kapillarwirkung Lötzinn aufgesogen haben. Es muß natürlich entfernt werden, bevor die Bohrung durch die Zylinderwand geöffnet werden kann. Dieser Vorgang verlangt äußerste Vorsicht. Das Lötzinn in der winzigen Bohrung setzt sehr schnell den Bohrer zu, besonders dann, wenn die Drehzahl zu hoch gewählt wurde. Die Hitze im Bohrloch läßt das Lot schmelzen, es setzt sich in allen Windungen fest, wodurch die Gefahr besteht, daß der Bohrer abbricht und im Bauteil stecken bleibt. Um das zu verhindern, muß er mehr als sonst gelüftet und jedesmal vollständig vom Zinn befreit werden. Man spürt sehr deutlich den Widerstand, wenn endlich die Zylinderwand erreicht ist.

Bild 78

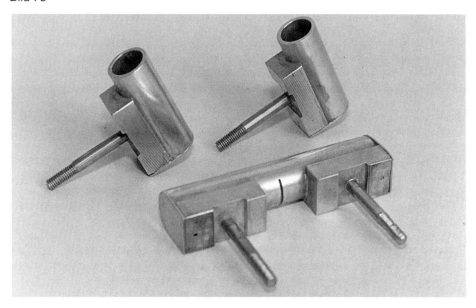

105

Jetzt gilt es, vorsichtig weiter zu bohren und jede Sekunde darauf gefaßt zu sein, daß der Bohrer die Materialstärke durchstößt *(Bild 77)*. Auf keinen Fall darf er bis zur gegenüberliegenden Zylinderinnenseite durchsacken und dort womöglich noch eine winzige Vertiefung hinterlassen. Alle Arbeit wäre dahin!

Der winzige Grat im Innern des Zylinders, der beim Durchstoßen des Bohrers entstanden ist, behindert später den Kolben. Wir entfernen ihn am besten vorsichtig mit der Reißnadel, blasen das Bauteil danach kräftig aus (wer hat, benutzt dazu einen Kompressor) und reinigen zum Schluß alles sorgfältig in Petroleum.

Bild 78 zeigt die fertig bearbeiteten Zylinder.

8.8. Die Kolben

Der Kolben einer oszillierenden Modellmaschine überträgt die auf ihn wirkende Dampfkraft normalerweise über Kolbenstange und Kolbenstangenkopf auf die Kurbelwelle, seine Auf- und Abwärtsbewegungen werden so in eine Drehbewegung umgewandelt. Voraussetzung für eine einwandfreie Funktion ist die exakte Ausrichtung aller drei Komponenten zueinander. Schon die kleinste Abweichung eines Teils aus der gemeinsamen Mittelachse bedeutet Leistungseinbußen und starken Verschleiß an Zylindern, Kolben und Kurbelwelle. Ohne eine Drehbank sind die Teile in der geforderten Präzision kaum anzufertigen. Wenn man sie aber in einem einzigen Bauteil vereint, ist das Problem gelöst. Kolben, Kolbenstange und Kopf unserer Maschine (14 und 15) werden aus einem Stück 8-mm-Silberrundstahl hergestellt, eine einfache Sache.

Die einzige Schwierigkeit besteht darin, die 4-mm-Bohrung für die Kurbel genau winklig und mittig in das Rundmaterial einzubringen. Wir fertigen uns deshalb vorab eine Schablone nach *Zeichnung 15* an.

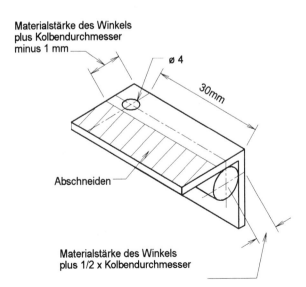

Zeichnung 15:
Bohrschablone zum
Bohren der Kolben

Dazu brauchen wir ein 40 mm langes Stück Winkelstahl, von dem ein Ende rechtwinklig zu feilen ist. Der Schenkel des Winkels, in dem die Hilfsbohrung sitzen soll, muß um wenige Millimeter schmaler sein, als die Schenkelstärke und der Durchmesser des Kolbens zusammen. Nur so läßt sich die Anordnung sauber und winklig im Maschinenschraubstock spannen. Also schwärzen wir den betreffenden Schenkel, reißen vom Scheitel des Winkelstahls ausgehend, den wir als Maßbezugskante nutzen, das ermittelte Maß an und sägen oder feilen überschüssiges Material ab. Bleibt noch, den Bohrpunkt für das 4-mm-Loch auf die übliche Weise festzulegen. Wir denken daran, den Körnerpunkt präzise zu setzen und ihn ggf. mit einer Lupe zu kontrollieren. Verläuft der Punkt, wird die Bohrung nicht mittig im Rundstahl sitzen. Nach dem Bohren ist das Loch sauber zu entgraten, damit beim nachfolgenden Spannen keine Kratzer auf der Oberfläche des Kolbens entstehen.

Die Rohlinge von Teil 14 und 15 werden an den Schnittflächen plangefeilt und entgratet. Wie sie korrekt im Maschinenschraubstock zu spannen sind, zeigt **Bild 79**. Zum Bohren legt man den Kolben auf eine winkeltreue Unterlage, eine seiner plangefeilten Oberseiten schließt dabei bündig mit der zweiten Maßbezugskante, dem plangefeilten Ende des Winkelstahls, ab. Der senkrechtstehende, unbearbeitete Schenkel der Schablone liegt gegen die feste Backe, die bewegliche Seite des Schraubstocks drückt gegen den Kolben. Jetzt kann gebohrt werden.

Steckt man danach ein möglichst langes Stück 4-mm-Silberstahl durch die Bohrung, hält es waagerecht und läßt den Kolben daran herunterhängen, sind schon mit bloßem Auge etwaige Winkelfehler erkennbar. Wir kontrollieren zusätzlich mit dem Anschlagwinkel, dessen langer Schenkel gegen die Welle gehalten wird. Der Kolben muß jetzt absolut parallel zum kurzen Schenkel herunterhängen. Damit ist der Rohling vorbereitet für die weitere Bearbeitung.

Bild 79

Bild 80

Um die Gabel in Teil 15 aussägen und anschließend feilen zu können, ist an ihrem oberen Ende eine Bohrung um 90° versetzt zur Wellenbohrung einzubringen. Die Schablone muß dazu um ein Loch ergänzt und der bislang unbearbeitete Schenkel entsprechend gekürzt werden *(Bild 80)*. Durch die vorhandene Wellenbohrung des Kolbens und die Schablone steckt man einen 10 mm langen 4-mm-Wellenstummel, der Kolben ist somit arretiert, er kann sich beim Bohren nicht verdrehen. Folglich wird die zweite Bohrung absolut rechtwinklig zur ersten sein.

Bevor wir die Kolben entsprechend der Planvorgaben fertig bearbeiten, gilt es, noch eine kleine knifflige Aufgabe zu lösen. Die „Drückprobe" an den Zylindern hatte uns auf den unvermeidbaren Leistungsverlust durch Undichtigkeiten zwischen Kolben und Zylinder aufmerksam gemacht. Ein wenig kann man dem aber entgegenwirken, wenn in die Kolben jeweils zwei Ölnuten eingefeilt werden. In ihnen sammelt sich während des Betriebs Heißdampföl und sorgt so für zusätzliche Dichtigkeit.

Profis stechen solche Nuten mit einem speziellen Stahl auf der Drehbank ein. Wir haben kaum eine andere Möglichkeit, als sie mit einer Feile einzubringen. Also spannen wir die Kolben mit der Bohrung nach oben in das Bohrfutter und führen bei laufender Maschine eine Dreikant-Schlüsselfeile beherzt an das Objekt. Wer zu zaghaft vorgeht, dem wird die Feile ausrutschen und den Rohling verderben. Die Feile wird zielsicher in die gewünschte Position gebracht und dann kräftig gegen den Kolben gedrückt, so passiert am wenigsten. Ist erst einmal eine Rille vorhanden, läßt sich die Nut bequem weiter bearbeiten. Ob die Nuten genau dort liegen, wo es der Plan vorsieht, ist für die Funktion der Maschine nicht von Bedeutung, zu weit sollten die beiden Vertiefungen aber nicht auseinander liegen.

Bei diesem Arbeitsgang entsteht ein kleiner Grat, der den Kolben nicht in den Zylinder gleiten läßt. Wir entfernen ihn behutsam mit 600er Naßschleifpapier und prüfen zwischendurch immer wieder unter Zugabe eines Tropfens Öl, ob sich das Bauteil ohne Kraftaufwand bereits im Zylinder versenken läßt.

Bild 81

Sind vier Rohlinge gebohrt und die Ölnuten gefeilt, bearbeiten wir zwei entsprechend der Planvorgabe für Teil 14. Im Grunde eine einfache Sache, die keiner Erklärung bedarf.

Allerdings besteht bei den weiteren Arbeiten immer die Gefahr, mit der Feile abzurutschen und die Oberfläche des Kolbens zu beschädigen. Es ist deshalb ratsam, ein Hilfswerkzeug anzufertigen, durch dessen Verwendung unliebsame Überraschungen so gut wie ausgeschlossen sind. Ein 20 mm langes Stück 10-mm-Messingrohr wird der Länge nach aufgeschnitten und alle Kanten innen und außen sorgfältig entgratet. In die so entstandene Spannhülse **(Bild 81)** stecken wir den Kolben, ein perfekter Anschlag für alle Feilarbeiten und zugleich Schutzmantel beim Spannen und Feilen.

Etwas mehr Aufwand ist es, die Gabel in Teil 15 herauszuarbeiten, in die später Teil 14 eingreift. „Warum so umständlich?" wird mancher fragen, „man könnte doch jeweils die untere Hälfte eines Kolbens links bzw. rechts anfeilen, und schon ließen sich beide Komponenten viel bequemer auf der Kurbelwelle zusammenfügen!" Richtig, nur hat sich gezeigt, daß diese Konstruktionsweise eine einseitige Belastung zur Folge hat, die sehr schnell zum Verschleiß der Bohrungen führt und Spuren auf der Kurbelwelle hinterläßt: Die Maschine wird bald klappern. Das kleine bißchen Mehraufwand bei der Herstellung unserer Kolben sorgt dagegen für eine gleichmäßige Kräfteverteilung auf die Kurbel und damit für deutlich geringeren Verschleiß.

Weder die „Kolbenstange" von Teil 14 noch die Gabel von Teil 15 müssen hundertprozentig maßhaltig sein, wichtig ist allein, daß die Bauteile hier später nicht aneinander reiben oder sogar klemmen. Wenngleich sie zukünftig immer von einem Öl-/Wassergemisch überzogen sein werden, läßt sich nicht ganz ausschließen, daß sie an den durch das Feilen rauhen Flächen bei längerer Betriebsunterbrechung (Winterpause) und ungünstigen Lagerbedingungen zu rosten beginnen. Deshalb empfiehlt es sich, die Schnittflächen beider Bauteile mit feinem Schleifleinen so gut wie möglich zu glätten. Je glatter die Oberfläche, um so weniger anfällig ist sie gegen Rost.

8.8.1. Kolben einschleifen

Die Kolben unserer Maschine brauchen nicht eingeschliffen zu werden, denn bereits beim Kauf des Materials haben wir ja auf die ideale Abstimmung von Rohr und Rundstahl geachtet. Allerdings kann es am Übergang zwischen Kolben und

"Kolbenstange" zu ein paar Problemen kommen. Wenn hier vom Feilen nur der kleinste Grat übrig geblieben ist, läßt sich der Kolben nicht im Zylinder versenken. Auf keinen Fall dürfen wir jetzt ungeduldig werden und ihn unter Kraftaufwand und mit viel Drehen in den Zylinder zwingen wollen. Was vorher im Rohzustand gepaßt hat, würde durch eine solche Gewaltaktion zerstört. Also überarbeiten wir den eventuell vorhandenen Grat, bis unser Kolben fingerfreundlich ist und unter Zugabe von einem Tropfen Öl satt passend im Zylinder verschwindet.

Kontrolle: Wenn man die Dampfbohrung mit einem Finger verschließt und den Kolben herauszieht, muß ein Widerstand zu spüren sein. Ein Unterdruck entsteht, und der Kolben wird, wenn man ihn losläßt, wie von einer Feder gezogen wieder zurück in den Zylinder gleiten. Zieht man ihn ganz heraus und er entweicht mit einem lauten "Plopp", ist alles o.k. Ist dieser Widerstand nicht zu spüren, ist alles verdorben ...

Ein aufeinander eingespieltes Kolben-Zylinderpärchen darf man nicht trennen! Es wird deshalb durch eine dauerhafte Markierung an der Unterseite der Kolben gekennzeichnet: ein Strich = erstes Zylinder-Kolbenpaar der ersten (linken) Maschine, zwei Striche = zweites Paar der rechten Maschine *(Bild 82)*.

Letzte Klarheit über die geleistete Präzision bringt die Montage von Kolben, Zylindern und Spiegelplatte. Unser Maschinen-Grundkörper ist sicher noch montiert, also zerlegen wir ihn wieder und lösen gleichzeitig die Kurbelwellenverbindung. Anschließend montieren wir die mit einer Kerbe versehenen Zylinder nebst Kolben an der linken Spiegelplatte, die mit zwei Kerben versehenen Teile folglich an die rechte. Eine zugegeben etwas fummelige Angelegenheit. Bevor wir das komplette Aggregat zusammenfügen, ist zu prüfen, ob sich die Pendelachse jedes einzelnen Zylinders ohne Widerstand in die Lagerbuchsen einführen läßt. Manchmal behindert ein winziger Grat am Übergang von Welle zum Gewinde diese Aktion.

Bild 82

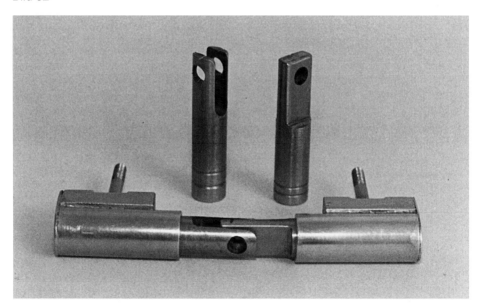

Erst wenn er entfernt ist, gelingt auch die Montage aller Komponenten problemlos. Die Kurbelwellenbohrungen der Kolben werden in Deckung gebracht, der Kurbelzapfen hindurchgesteckt und dann Pendelachsen und Kurbelwelle in die jeweilige Lagerbuchse gesteckt. Ein bißchen Schütteln und Klopfen gegen das in der Hand gehaltene Arrangement, und schon sacken die Bauteile bis auf die Spiegelplatte. Die Kurbel sollte dabei nach unten weisen. Falls es nicht so reibungslos geht, darf auf keinen Fall Gewalt angewendet werden, um die Teile in die Position zu zwingen. Solch ein Vorgehen könnte unsere ganze Arbeit zerstören. Sind wir allerdings in der Vergangenheit mit der geforderten Präzision etwas großzügig umgegangen, bekommen wir jetzt die Quittung dafür. Nicht winklige Bohrungen in den Kolben, nicht in jede Richtung rechtwinklig zum Zylinderspiegel stehende Pendelachsen verhindern ein Absenken der Bauteile auf die Spiegelplatte.

Aber wir haben bekanntlich genau gearbeitet und mit ein wenig Geduld sowie Fingerspitzengefühl rücken die Komponenten schon in die richtige Position. Gleich anschließend setzt man noch Federn, Scheiben und Muttern von außen auf die Pendelachsen und gibt einen Tropfen Öl von unten zwischen Zylinder und Kolben. Ein Zahnrad, die Hälfte einer Kardankupplung oder nur ein Stellring auf die Welle geschraubt, hilft, die noch etwas schwergängige Maschine von Hand zu drehen. Fühlt man dabei ein geringfügiges Haken oder Kratzen, ist meist einer der Kolben dafür verantwortlich, oft sogar beide. Entweder haben wir einen Grat übersehen, oder die gefeilten „Kolbenstangen" scheuern aneinander. Wir zerlegen die Maschine wieder und untersuchen bzw. überarbeiten die Bauteile. Erst wenn die Bewegungen von Kolben und Zylinder geschmeidig ablaufen, ist alles o.k. Wir wiederholen die Prozedur mit der zweiten Maschine. Stimmt auch hier alles, koppeln wir beide Aggregate mittels Umsteuerventilkörper, Distanzrohren nebst Gewindestangen und Kurbelwellenverbindung. Jetzt zeigt sich die wahre Qualität unserer Arbeit. Läßt sich die Maschine leicht von Hand drehen ohne dabei zu haken und schließen die Zylinderspiegel dicht gegen die Spiegelplatte ab, können wir uns in aller Ruhe zurücklehnen und den erfolgreichen Augenblick genießen, wir haben es geschafft.

8.9. Letzte Arbeiten

8.9.1. Steuerlöcher bohren

Nachdem wir nun einige Zeit damit verbracht haben, das Spiel der Kolben und Zylinder zu bestaunen und uns ausgiebig über die erbrachte Leistung zu freuen, stellt sich heraus, daß immer noch ein leichter Widerstand zu spüren ist, wenn sich jeweils ein Kolben nach oben bewegt. Dabei verdichtet er die Luft im Zylinder, es entsteht ein Überdruck, der dank der erreichten Paßgenauigkeit nur schwer entweichen kann. Normalerweise würde er durch die Steuerlöcher in der Spiegelplatte entweichen, die aber erst noch zu bohren sind. Wie aus der **Zeichnung 16** oben ersichtlich, erreicht ein Zylinder seinen maximalen Ausschlag nach einer Seite, wenn die Kurbelwange mit Kolben und Zylinder einen Winkel von 90° bildet. In dieser Position deckt sich die Dampfbohrung des Zylinders mit dem betreffenden Steuerloch, Dampf strömt mit vollem Druck auf den bereits in Abwärtsbewegung befindlichen Kolben. Können die Bohrungen eines Aggregats während eines

Bewegungszyklusses nicht vollständig in Deckung gebracht werden, verringert sich der Querschnitt der Bohrung und damit die Dampfmenge, die in den Zylinder strömen kann. Die Folge: Die Maschine läuft – wenn überhaupt – nur mit stark verminderter Leistung.

Natürlich hätte man diese jeweils vier Bohrungen pro Maschinenhälfte gleich bei der Anfertigung der Spiegelplatten mit erledigen können. Warum also bis zuletzt damit warten? Nun, in der Vergangenheit hatten wir reichlich Gelegenheit, das Anreißen und Körnen zu trainieren, Fähigkeiten, die wir jetzt brauchen, um die in **Zeichnung 16** unten gezeigte Bohrschablone mit äußerster Präzision anzufertigen. Mit ihrer Hilfe sind jetzt die Steuerlöcher in die Spiegelplatten zu bohren.

Die Genauigkeit dieses Hilfswerkzeuges entscheidet am Ende über die Leistung der Maschine.

Form und Materialstärke sind von untergeordneter Bedeutung, wichtig ist nur, daß alle drei Bohrungen exakt in einer Linie liegen.

Und so wird's gemacht: Nachdem die Mittellinie auf dem Hilfsstück angerissen ist, wird der Bohrpunkt für die 4-mm-Bohrung festgelegt. Mit dem Zirkel schlägt man von dort aus je einen Kreisbogen mit 26,3 und 34,1 mm Radius. Leicht gesagt!

Zeichnung 16: Schablone zum Bohren der Steuerlöcher

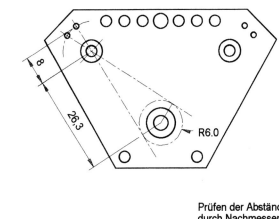

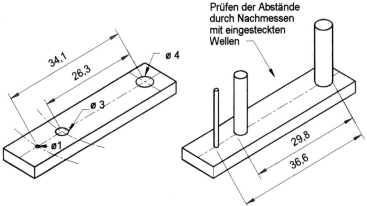

Bild 83

Wer kann einen Zirkel schon so genau einstellen? Kein Problem: Zuerst stellt man am Meßschieber das genaue Maß ein und tastet es dann mit dem Zirkel aus. Eine Spitze ruht dabei auf dem Nullpunkt der Skala, die andere auf dem des Nonius, das ist schon alles. Nach dem Anreißen ist äußerst sorgfältig zu körnen und der gesetzte Punkt gleich mit der Lupe zu überprüfen. Sind alle Punkte exakt dort, wo sie hin sollen, bohren wir alle Löcher mit 1 mm vor und erweitern danach die beiden Wellenbohrungen auf 3 bzw. 4 mm. Das Ergebnis unserer Bemühungen läßt sich leicht prüfen, indem man je ein kurzes Wellenende in die Bohrungen steckt und über die Wellen nachmißt. Kommt der Meßwert bis auf 1 Zehntelmillimeter an die Vorgaben der **Zeichnung 16** heran, ist alles o.k. Wenn nicht, startet man besser gleich einen neuen Versuch.

In das 4-mm-Lager der Spiegelplatte schiebt man jetzt eine Kurbelwellenhälfte und steckt die Schablone mit dem 4-mm-Loch auf den Kurbelzapfen. Ein kurzes Stück 3-mm-Welle durch die zweite Bohrung hindurch in die entsprechende Lagerbuchse ge-steckt, und schon liegt unser Hilfswerkzeug unverrückbar in der richtigen Position **(Bild 83)**. Damit auch die horizontale Ausrichtung stimmt, schiebt man, wie in **Bild 84** zu sehen, eine 3 mm starke Unterlage zwischen Spiegelplatte und Schablone, erst jetzt sind wir bereit zum Bohren. Allerdings sollte man gar nicht erst versuchen, die 1-mm-Bohrung in einem Arbeitsgang durch die Schablone hindurch einzubringen, das ist viel zu riskant, der Bohrer könnte bre-

Bild 84

Bild 85

chen. Statt dessen wird durch die Hilfsbohrung hindurch lediglich die Position der Steuerlöcher auf den Spiegeln mit dem Bohrer markiert. Sind alle vier Punkte gesetzt, kann endlich durchgebohrt werden.

Anschließend montieren wir die Maschine erneut, drehen an der Kurbelwelle bis Dampfbohrung und Steuerloch in Deckung kommen und betrachten das Ergebnis bei heller Beleuchtung. Erstaunt erkennen wir die Präzision unserer Arbeit *(Bild 85)*. Bleibt noch, die Steuerlöcher auf 1,5 mm zu erweitern, wodurch eine längere „Öffnungszeit" der Bohrungen und somit eine optimale Füllung des Zylinders erreicht wird. Geringe Ungenauigkeiten bei der Positionierung der Löcher gleichen sich durch diese Maßnahme ebenfalls aus. Und nicht vergessen: Die Bohrungen sind sorgfältig zu entgraten, sonst gibt's Kratzer auf dem Zylinderspiegel.

Abschließend werden die Steuerlöcher von der Außenseite her vorsichtig mit einem 3-mm-Bohrer um ca. 1 bis 1,5 mm vertieft. Hier wollen wir jetzt die Dampfrohre einlöten.

8.9.2. Dampfrohre biegen und verlöten

Die Planbeilage „Maschine" enthält außer in der Zusammenbauzeichnung keine weiteren Hinweise auf die Form der einzelnen Rohre, und das aus gutem Grund: Ihre Gestalt ist derart unregelmäßig, daß eine zeichnerische Darstellung den Newcomer nur verwirren würde. Wir orientieren uns deshalb an *Bild 86* und *Zeichnung 17*, aus denen alle wichtigen Informationen über Form und Position

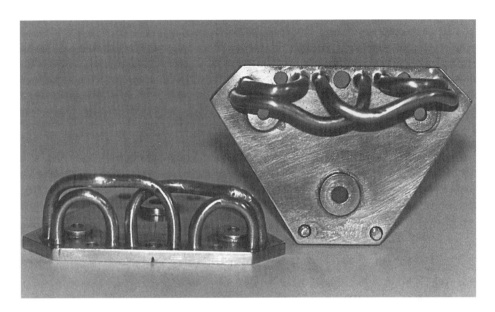

Bild 86

zu entnehmen sind. Beginnen wir mit den kurzen Rohren, die die Punkte St2/D2 und St4/D4 miteinander verbinden. Ihre Form ist auf beiden Seiten einer Maschinenhälfte und damit für die gesamte Maschine identisch. Also gehen wir in die Serienfertigung und biegen gleich vier Stück, wie in **Bild 87 und 87a** zu sehen, um ein 10 mm starkes Rundmaterial. Nach dem Ablängen und Entgraten der Enden wären die Bauteile im Grunde einbaufertig. Würde man sie jedoch in ihrer jetzigen Form einlöten, wären die Zugänge zu den Schrauben, die Umsteuerventil und Spiegelplatte miteinander verbinden, versperrt. Wir müssen daher noch einen klei-

Zeichnung 17: Verlauf der Dampfrohre

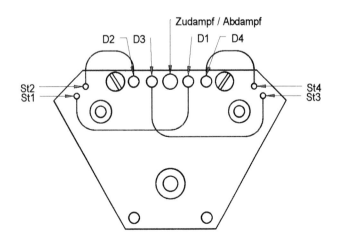

Bild 87 Bild 87a

nen Bogen einbringen, damit der Zugang frei bleibt. Dazu glüht man am besten das jeweilige Rohr nochmals aus, spannt eine Hälfte vorsichtig in den Schraubstock und biegt das freie Ende behutsam in die erforderliche Richtung. Wer zu stark spannt und zu kräftig biegt, wird das Rohr knicken, zumindest aber scharfkantige Verformungen erhalten.

Die längeren Rohre biegen wir, genau wie die Siederohre des Kessels, um eine Holzschablone, die nach den Vorgaben in **Zeichnung 18** auszusägen ist. Alles weitere erklärt **Bild 88**. Um später problemlos Federn, Scheiben und Muttern auf die Pendelachsen setzen zu können, müssen auch diese Rohre ein zweites Mal gebogen werden **(Bild 89)**. Allerdings ist der Biegeradius größer als bei den kurzen Rohren, wir brauchen also dickeres Rundmaterial. Am besten biegt man das neuerlich ausgeglühte Rohr über dem Griff des Schraubstocks.

Das Einlöten ist unkritisch, wenn man folgende Punkte beachtet:
- Die Rohre müssen vor dem Verlöten innen und außen absolut sauber entgratet, rechtwinklig gefeilt und an den Enden fettfrei sein.
- Sie müssen, in die Bohrungen gesteckt, in dieser Position sicher ohne zusätzliche Hilfsmaßnahmen halten.

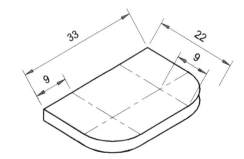

Zeichnung 18:
Schablone zum Biegen der Dampfrohre St1-D1 und St3-D3

Bild 88

Lötwasser geben wir nicht, wie sonst üblich, von außen an die zu verlötenden Komponenten, sondern benetzen die noch nicht montierten Teile separat. Andernfalls bestünde die Gefahr, daß unbemerkt etwas von der Flüssigkeit tief in die angesenkten Steuerlöcher eindringt und an der Innenseite des Rohres wieder

Bild 89

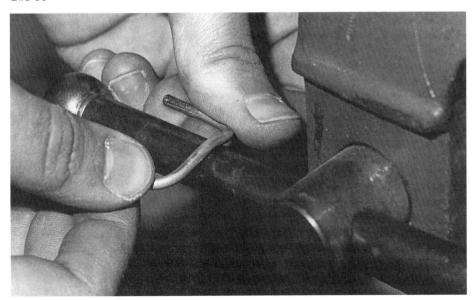

aufsteigt. Das Lot würde diesem Weg folgen und unser Dampfrohr verstopfen. Die Oberfläche der Rohrenden wie auch der Bohrungen dürfen nur eben feucht sein, überschüssige Flüssigkeit tupft man vor dem Zusammensetzen der Teile mit einem fettfreien Lappen oder einem Vliestuch ab.

Gelötet wird mit schwach eingestellter Flamme des 14-mm-Brenners unter Verwendung von äußerst wenig Radiolot. Weniger ist in diesem Fall mehr, und wir sollten lieber frühzeitig den Vorgang abbrechen, die Baugruppe abkühlen lassen, von Flußmittelrückständen reinigen und dann die Nähte von allen Seiten bei guter Beleuchtung beurteilen.

Abschließend ist die Spiegelinnenseite peinlich genau nach Lötrückständen und eventuell überschüssigem Lot zu untersuchen. Wer ganz sichergehen will, sollte 600er Naßschleifpapier auf eine Glasscheibe legen und darauf den Spiegel unter leichtem aber gleichmäßigem, auf seine ganze Fläche verteilten Druck überschleifen. Danach ist das Bauteil, besonders aber die Rohre peinlich genau zu reinigen. Kein noch so kleiner Span darf sich in ihnen befinden. Er würde irgendwann in die Maschine gelangen und dort beträchtlichen Schaden anrichten. Wer hat, benutzt Preßluft, um die Rohre auszublasen. Andernfalls drückt man Petroleum aus einer Einwegspritze hindurch.

8.9.3. Der Dampfstrahlöler

Strenggenommen ist der Dampfstrahlöler kein Bauteil der Maschine, sondern ein Zurüstteil, das man in den unterschiedlichsten Ausführungen zu vertretbaren Preisen auch fertig beziehen kann. Aber wir werden auch dieses letzte und zugleich simpelste Teil schon der Ehre wegen selbst anfertigen. Eine entspannende Bastelei am Ende unseres großen Vorhabens.

Der Dampf strömt durch das Rohr (26) zur Maschine. Ein Teil davon entweicht über die 0,8-mm-Bohrung in den Öler, wo er zu Wasser kondensiert. Öl schwimmt bekanntlich auf Wasser, also sackt letzteres nach unten, das im Behälter befindliche Heißdampföl steigt bis an das kleine Loch und wird vom vorbeischießenden Dampf in winzigen Mengen zur Maschine mitgerissen.

Die beiden Rohre (22 und 26) werden abgelängt, gebohrt und schon sind wir bereit zum Verlöten der Einlötringe (23) sowie des Dampfrohres, das mittig im Behälterrohr (22) sitzen muß und dessen Bohrung nach oben weist.

Die obere Verschlußschraube (24) wird quer durchbohrt und ein Knebel eingelötet, das erleichtert die Bedienung von Hand, ein Schraubenschlüssel ist nicht nötig.

Um nach einem Betriebszyklus das Kondensat aus dem Öler in die Bilge ablassen zu können, müßte man die untere Verschlußschraube gänzlich herausschrauben, in der Enge eines Schiffsrumpfes eine unkomfortable und bei heißer Maschine verletzungsträchtige Angelegenheit. Einfacher geht es, wenn man die Schraube axial, wie in **Bild 90 und 91** zu sehen, durchbohrt, einseitig das Gewinde etwas anfeilt und dann ein zweites Loch rechtwinklig zum ersten einbringt. Natürlich erhält auch diese Verschlußschraube wieder einen Knebel. Dreht man die Schraube

Bild 90 *Bild 91*

nur halb heraus, läuft das Wasser aus dem Öler, sobald die Querbohrung aus dem Gewinde des Einlötrings herausschaut. Problem gelöst.

Endgültig letzter Arbeitsschritt: Wir löten den Öler in die mittlere 4-mm-Bohrung der linken Spiegelplatte, in die entsprechende Bohrung der rechten Platte ein Stück 4-mm-Rohr, hier tritt der Abdampf aus.

Bild 91a

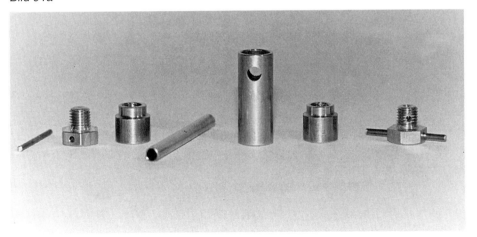

8.9.4. Die Endmontage

Bevor wir an die Endmontage gehen, sind noch die Montagewinkel (16) anzufertigen, eine einfache Sache, die keiner weiteren Erläuterung bedarf.

Im Grunde ist es völlig unnötig, die Montage der Maschine noch einmal extra zu beleuchten, schließlich haben wir schon mehrfach Kolben und Zylinder mit der Spiegelplatte zusammengeführt, das Umsteuerventil zwischen beide Hälften geschraubt und die Abstandsbolzen eingesetzt. Dennoch gibt es bei der Endmontage den einen oder anderen Stolperstein, der uns die Freude an der Maschine so kurz vor Schluß noch vermiesen könnte. Die wichtigsten Schritte und mögliche Fehlerquellen sind deshalb noch einmal in der folgenden Checkliste zusammengetragen:

1.) Maschinenteile nach Markierungen sortieren. Zur linken Maschinenhälfte gehören alle Teile mit einer Marke, zur rechten alle, die zwei Kerben tragen **(Bild 92)**.
2.) Die Kolben müssen absolut sauber sein, bevor man sie mit einem Tropfen Maschinenöl in die Zylinder einführt. Dabei darf kein Kratzen zu spüren sein, sie dürfen aber auch kein radiales Spiel haben.
3.) Kolbenstangenköpfe ineinander schieben und durch Kurbelzapfen verbinden.
4.) Pendelachsen und Kurbelwelle in die Lager einschieben. Leicht verkanten sich die drei Achsen, deshalb: *Geduld haben und keine Gewalt anwenden!* Am einfachsten geht es, wenn man die Kurbelwange so ausrichtet, daß der Kurbelzapfen nach unten zeigt. Leicht an der Kurbel gedreht, und schon fallen die Bauteile in die richtige Position.
5.) Federn und Scheiben auf die Pendelachsen stecken und zwei Muttern auf jede Achse schrauben. Keines der vier Teile pro Achse darf die dicht daneben angeordneten Dampfrohre berühren, die betreffende Pendelachse würde sich verkeilen und den Zylinder vom Spiegel abdrücken.

Bild 92

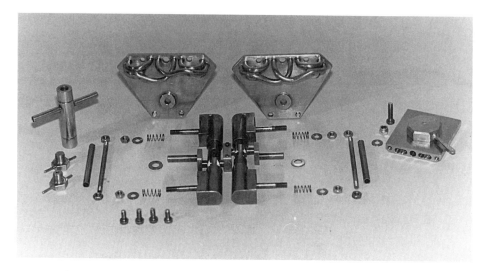

Bild 92a

6.) Die erste Mutter bis zum Ende des Gewindes schrauben. Bei Verwendung von kurzen Federn aus Kugelschreibern ergibt diese Position den optimalen Anpreßdruck.

7.) Kolbenstangen kontrollieren! Sie dürfen nicht aneinander reiben. Gegebenenfalls nochmals überarbeiten.

8.) Die Maschine muß sich jetzt leicht und ohne zu haken an der Kurbelwelle drehen lassen.

9.) Zweite Maschinenhälfte montieren (siehe Punkte 2–8).

10.) Umsteuerventilkörper mit den Dampfbohrungen nach unten auf die Anreißplatte legen und die linke Maschinenhälfte dagegen schrauben. Die Spiegelplatte muß mit dem Ventilkörper bündig abschließen.

11.) Kurbelwellenverbindungsstück auf den Kurbelzapfen der linken Maschine schrauben. Der Gewindestift muß das Bauteil beim Festziehen in die durch die Abflachung auf der Welle vordefinierte Position zwingen. Ganz wichtig: Markierung beachten.

12.) Die Kurbel der zweiten Maschine nach dem Verbindungsstück ausrichten, dann beide Maschinen zusammenstecken. Den zweiten Gewindestift noch nicht anziehen.

13.) Maschine wieder über Kopf auf die Anreißplatte stellen, ausrichten und den zweiten Spiegel mit dem Ventilkörper verschrauben.

14.) Distanzrohre, Gewindestangen und Montagewinkel befestigen. Vorsicht! Die Muttern nicht zu fest anziehen, sonst drücken die Rohre zusammen, die Parallelität wäre dahin.

15.) Den zweiten Gewindestift der Kurbelwellenverbindung leicht anziehen.

Bild 92b

16.) Alle drei Kurbelwangen müssen jetzt absolut parallel und winklig zueinander stehen. Wenn nur eine „aus dem Kurs" ist, hakt die Maschine und nichts geht mehr.
17.) Die genau ausgerichtete Kurbelwellenverbindung festziehen, alle weiteren Verbindungen nachziehen.
18.) Die Maschine von Hand drehen und prüfen, ob die Zylinder nicht gegen den Umsteuerventilkörper schlagen.

Ist kein Haken, Schleifen oder Klemmen mehr zu spüren, haben wir es geschafft:

Herzlichen Glückwunsch zur ersten eigenen, völlig handgearbeiteten Dampfmaschine!

9. Betriebsvorbereitungen und erster Probelauf

9.1. Kessel und Maschine anschließen

Die Zuleitung für Frischdampf zur Maschine ist nun so zu biegen, daß der Dampf auf kürzestem Wege zur Maschine gelangt. Jeder unnötige Zentimeter Rohrleitung bedeutet Abkühlung und damit Leistungsverlust. Der maschinenseitige Anschluß besteht aus einem simplen Stück 4-mm-Messingrohr (26), kesselseitig stehen uns am T-Stück (7) zwei M6 x 0,75-Außengewinde, also zwei Feingewindeanschlüsse zur Verfügung, von denen einer allerdings durch die mitgelieferte abgedichtete Überwurfmutter verschlossen wird (vgl. Kapitel 6.8.). Über den verbleibenden Anschluß entnehmen wir den Dampf. Wie bringt man nun die Enden zusammen? Erfahrene Dampfmodellbauer verschrauben dampfführende Leitungen über Gewindenippel und Rohrverbinder miteinander. Das ist solide, sicher, sieht gut aus, erhöht aber auch die Baukosten. Wir gehen einen optisch nicht so ansprechenden, dafür aber um vieles preisgünstigeren Weg.

Üblicherweise liegt dem T-Stück eine weitere Überwurfmutter bei, mit der die Dampfleitung verschraubt wird. Bei der Bestellung des Teils kann man wählen, ob eine Überwurfmutter zum Anschluß von 4- oder 3-mm-Kupferrohr beigefügt werden soll. Da wir ohnehin schon 3-mm-Kupferrohr für die Dampfrohre der Maschine brauchen, empfiehlt es sich, Kessel und Maschine mit gleichem Material zu verbinden.

Bild 93

Dazu wird über das kesselseitige Ende des Rohres die beiliegende Überwurfmutter geschoben und der Schneidring gesteckt. Die Überwurfmutter verschraubt man mit dem freien Gewinde von Teil 7, wobei der Schneidring für eine dampfdichte Verbindung sorgt.

Auf das maschinenseitige Ende löten wir ein kurzes Stück 4-mm-Messingrohr. Die beiden sich nun gegenüberstehenden Enden von Dampfleitung und Maschine haben somit den gleichen Durchmesser und lassen sich problemlos mit einem Stück dickwandigen Silikonschlauch (vgl. **Anhang 3** und **Bild 93**) zusammenschließen. Eine solche Verbindung hält den an unserer Anlage auftretenden Druck- und Temperaturverhältnissen bestens stand und läßt sich bei Bedarf problemlos und ohne Werkzeug wieder lösen.

Doch bevor beide Komponenten endgültig miteinander verbunden werden können, ist der Kessel für den Anschluß an die Maschine vorzubereiten.

9.2. Kessel vorbereiten

Schon bei der Druckprobe haben wir mehrmals Wasser in den Kessel gefüllt und ihn wieder entleert, so daß er eigentlich von innen sauber sein müßte. Dennoch ist es sinnvoll, sich nicht auf diese Annahme zu verlassen und den Kessel vor Anschluß der Maschine mindestens einmal „auszukochen". Erst dadurch lösen sich Partikel, die durch bloßes Spülen nicht entfernt werden konnten.

Das Befüllen des Kessels gelingt einfach, schnell und sauber mit einer 500-ml-Kunststoffflasche mit Spritzverschluß. Wir mischen Essigessenz mit Wasser zu einer ca. 5%igen Essig-Lösung, rühren gut um und füllen den Kessel damit, bis sie am geöffneten Füllstandsrohr wieder austritt. Der Stutzen wird verschlossen, die Einfüllöffnung, in der sonst das Sicherheitsventil sitzt, bleibt offen. Mit zwei Esbitblöckchen machen wir Feuer unter dem Kessel und warten, bis sie verbrannt sind. Fängt das Wasser in dieser Zeit an zu kochen, legt man einen kleinen Lappen lose über den offenen Füllstutzen, damit kein kochendes Wasser umherspritzen kann. Der heiße Inhalt verbleibt nach Erlöschen der Flamme gut eine halbe Stunde im Kessel, bevor wir ihn wieder entleeren und gründlich mit klarem Wasser nachspülen.

Der Kessel wird nochmal befüllt, diesmal mit „richtigem" Kesselwasser.

Die Zusammensetzung dieses scheinbar ganz besonderen Saftes hat schon vielen Dampffreunden die erstaunlichsten Aussagen entlockt. Der eine schwört auf destilliertes Wasser, der nächste mischt zur Hälfte Leitungswasser mit entionisiertem Wasser, ein anderer setzt auf Regenwasser, welches dem anderen wieder viel zu sauer ist.

Wir begnügen uns mit gewöhnlichem entionisiertem Wasser, das abgefüllt in 5-Liter-Kanistern in jedem Supermarkt (zum Gebrauch in Dampfbügeleisen) oder auf Tankstellen für ein paar Mark zu haben ist. Leitungswasser sollten wir nicht verwenden, zumindest dann nicht, wenn es sehr kalkhaltig ist. Ein inwendig verkalkter Kessel kann auch mit noch so viel Feuer nicht zur Leistung gezwungen werden, Kalk isoliert und abgeplatzte Kalkpartikel fügen der Maschine schwere Schäden zu.

Wer die Ausgabe für entionisiertes Wasser sparen möchte, kann auch Regenwasser verwenden, das aber gut gefiltert sein muß. Mit einem gewöhnlichen Kaffeefilter und zwei ineinandergesteckten Filtertüten läßt sich bereits brauchbares Kesselwasser aufbereiten. Nach einem Durchsatz von gut einem Liter müssen die Tüten aber spätestens gewechselt werden. Ob das gesammelte Regenwasser überhaupt geeignet ist, sagt uns sein pH-Wert, den man mit Lackmuspapier (Aquariumbedarf) messen kann. Neutral wäre ideal, mancher Dampffreund bevorzugt leicht saures Wasser.

Wir füllen den Kessel also mit „unserem" Kesselwasser, verschließen das Füllstandsrohr, schrauben das Sicherheitsventil handfest in die Einfüllöffnung, das Dampfrohr an das freie Ende des T-Stücks und verbinden das offene Ende des Kupferrohres über ein Stück Silikonschlauch mit dem Öl- und Wasserabscheider. Wieso mit diesem Behälter und nicht mit der Maschine? Wir wollen das Wasser im Kessel jetzt einmal richtig aufkochen lassen, der dabei entstehende Dampf wird alle Wege frei und sauber blasen und alle noch so feinen Partikel mit sich reißen. Ohne einen Auffangbehälter am Ende der Leitung wäre unsere Werkstatt binnen Minuten eingenebelt und die Arbeitsfläche gleichmäßig durchnäßt. Also leiten wir den Dampf besser in ein Gefäß, in dem er zum Teil kondensieren und in dem sich mitgerissenes Wasser nebst Schmutzpartikeln sammeln kann, bevor der Restdampf ins Freie strömt – die Nebelbildung bleibt, aber die Nässe wird verhindert.

Nach dieser Prozedur ist der Kessel betriebsfertig.

9.3. Maschine einlaufen lassen

Im Grunde braucht unsere Maschine doch gar nicht mehr einzulaufen, sie läßt sich ja bereits leicht und geschmeidig drehen, also Dampf drauf und los geht's! Im Prinzip ja, aber ...!

Obwohl wir sehr genau gearbeitet haben, müssen sich die einzelnen Komponenten erst noch aufeinander einstimmen.

Zwei Möglichkeiten gibt es, diesen Prozeß durchzuführen:

9.3.1. Einlaufen mit Druckluft

Wer einen Kompressor besitzt, mit dem er sonst seine Airbrush betreibt, ist gut beraten, die Maschine mit Luft einlaufen zu lassen. Die Vorteile sind eindeutig: Die Maschine bleibt kalt, eventuelle Fehler lassen sich gleich beheben. Der Nachteil: Unter Dampf sieht manches anders aus. Werkstoffe dehnen sich durch Wärmeeinwirkung unterschiedlich aus. Was mit Preßluft gut läuft, muß unter Dampf noch lange nicht funktionieren. Die mit Hilfe von Preßluft gewonnenen Erkenntnisse können also täuschen.

Die Maschine ist zunächst zu ölen. Ein paar Tropfen gewöhnliches Maschinenöl auf die Kurbelwelle und von unten auf Kolben und Zylinder, das ist schon alles. Der Kompressor wird angeschlossen, das Umsteuerventil geöffnet. Sobald sich Druck aufgebaut hat, läuft die Maschine von alleine an. Vielleicht müssen wir beim ersten Mal noch ein wenig nachhelfen. Anfangs läuft sie ein wenig zäh, das ändert sich, sobald wir je einen Tropfen Öl von oben zwischen Spiegel und Zylinder gleiten lassen. Die Reibung der Teile wird vermindert und die Drehzahl steigt. Nach ein paar Minuten steuern wir um, die Maschine läuft etwas mühsam in die andere Richtung an. Nach zwei- bis dreimal Umsteuern ist auch dieses Problem erledigt. Wir geben nochmals Öl zwischen Zylinder und Spiegel und lassen die Maschine gut eine halbe Stunde lang bei niedriger Drehzahl laufen. Bei gleichen Druckverhältnissen und Reglerstellung steigt die Drehzahl noch ein bißchen an. Wenn sie sich nicht mehr ändert, ist die Maschine eingelaufen. Wir können endlich Dampf aufmachen.

9.3.2. Einlaufen unter Dampf

Wer keinen Kompressor hat, geht gleich den heißen Weg. Und so wird's gemacht:

Kessel und Maschine sind miteinander zu verbinden. Das Abdampfrohr der Maschine schließen wir über ein Stück Silikonschlauch an den Öl- und Wasserabscheider an. Wer mag, kann den Ausgang des Behälters zusätzlich mit dem Schornstein verbinden, für den Probelauf ist das allerdings nicht nötig.

Den Kessel füllt man etwa zur Hälfte mit Wasser und zündet dann den Brenner. Während das Wasser warm wird, geben wir ein paar Tropfen Maschinenöl auf die Kurbelwelle und füllen den Öler mit Heißdampföl. Auf keinen Fall dürfen wir „erstmal" Maschinenöl verwenden, das sofort in Verbindung mit Dampf oder Wasser seifig wird und seine Schmierwirkung verliert.

Das Umsteuerventil an der Maschine ist geschlossen, der Hebel steht rechtwinklig zur Maschinenlängsachse. Nun heißt es warten, bis am Sicherheitsventil des Kessels erste Anzeichen eines sich aufbauenden Drucks erkennbar sind. Meist quellen ein paar Tropfen Wasser hervor, ist das Ventil erst einmal richtig heiß, ist der Spuk vorbei. Wir öffnen das Umsteuerventil mit einem langen Draht aus sicherer Entfernung. Vorsicht! Es zischt und blubbert, heißes Wasser schießt durch alle Leitungen und zwängt sich aus Ritzen und Fugen. Der noch nasse Dampf kondensiert in der kalten Maschine sofort zu Wasser. Gut, wenn man einen Lappen zur Hand hat, mit dem die ersten Fluten aufgenommen werden. Langsam wird die Maschine heiß, ein Kontakt mit bloßen Fingern ist ab jetzt schmerzhaft. Wir werden nicht umhin können, die Kurbelwelle ein wenig zu drehen, und schon beginnt unser kleines Wunderwerk zu laufen. Bis alles Wasser aus den Zylindern entwichen ist, sind die Bewegungen noch etwas unrund, aber dann ...

Solange die Maschine noch nicht belastet ist, d.h. keinen Propeller zu treiben hat, dürfen wir sie auf gar keinen Fall auf höchste Drehzahlen bringen. Oszillierende Maschinen neigen im Leerlauf zum Überdrehen! Schäden an allen beweglichen Bauteilen und Lagern sind die Folge. Also lassen wir es gemütlich angehen!

Ist die Maschine richtig heiß, läuft sie verhältnismäßig trocken, nur wenig Öl- /Wassergemisch tritt unten zwischen Zylindern und Kolben aus, ganz wenig blubbert's am Regelventil und zwischen Spiegel und Zylinder dürfte kaum ein Tropfen sichtbar sein. Sollte die Maschine dagegen immer noch sabbern, war es mit unserer Sorgfalt leider nicht besonders weit her. Wir werden nachbessern müssen, und zwar reichlich!

Läuft die Maschine rund und gleichmäßig, läßt sie sich nun auch problemlos umsteuern und läuft aus jeder beliebigen Position heraus an. Was will man mehr.

Wer ganz genau sein möchte, wird seine Maschine nach diesem ersten Probelauf noch einmal vollständig zerlegen und alle Teile in Petroleum sorgfältig von Partikeln reinigen. Aber Achtung, beim erneuten Zusammenbau darf jetzt kein Teil mehr vertauscht werden.

9.4. Belasteter Probelauf

Unser kleines mechanisches Kunstwerk sieht nicht nur beeindruckend aus, es funktioniert also auch. Doch nun soll es zeigen, was wirklich in ihm steckt, ob die Maschine tatsächlich für den Antrieb eines Schiffsmodells taugt oder ob sie als Erinnerung an unsere ersten Gehversuche im Dampfmodellbau einen ehrenvollen Platz in der Vitrine erhält.

Ganz Ungeduldige werden Kessel und Maschine schon längst in ein Modell eingebaut haben und bereits auf dem Weg zum nächsten Gewässer sein. Viel Glück! Sicherer ist es, den Belastungstest auf der Werkbank durchzuführen, denn noch sind nicht alle möglichen Fehlerquellen beseitigt.

Der Kessel, Maschine und Öl- und Wasserabscheider sind miteinander verbunden, das Abdampfrohr des Sammlers wird zusätzlich an das durch den Schornstein verlaufende Rohr angeschlossen. Mit einer handelsüblichen Kardankupplung 3,2 mm auf 4 mm verbindet man die Kurbelwelle der Maschine mit einem E-Motor der 540er Reihe **(Bild 94)**. Beide Aggregate sind dazu sinnvollerweise auf ein gemein-

Bild 94

sames Brett zu schrauben, wobei wir darauf achten, Motor und Maschine genau axial zueinander auszurichten. Jeder Knick in der Kraftverbindung bringt Leistungsverluste und ist darum zu vermeiden.

Der Kessel wird gefüllt und verschlossen. Die Brennerschale bestücken wir wie in Kapitel 7 beschrieben, ölen die Maschine an der Kurbelwelle und tropfen Heißdampföl in den Öler. Das Umsteuerventil ist geschlossen, jetzt kann angeheizt werden. Zeigen sich die ersten Tröpfchen am Sicherheitsventil, öffnet man kurz das Umsteuerventil, um es gleich drauf wieder zu schließen. Der bis dahin aufgebaute Druck entweicht zischend durch die Maschine, gleichzeitig beginnt es im Kessel deutlich hörbar zu gurgeln. Das Wasser in den Siederohren verdampft schnell, der Dampf bahnt sich geräuschvoll seinen Weg in den oberen Teil des Kessels. Wir warten, bis der Betriebsdruck erreicht ist und das Sicherheitsventil öffnet, dann ist der Moment gekommen, das Umsteuerventil langsam zu öffnen. Die kalte Maschine wird wieder reichlich sabbern. Wir steuern einmal kurz um und wieder zurück in die ursprüngliche Richtung. Die Maschine ruckt an, ein paar Umdrehungen, dann sind die Zylinder weitgehend von Wasser befreit. Wir öffnen das Ventil weiter, die Drehzahl steigt, die Maschine wird hin und wieder noch mal kurz haken, aber dann endgültig losschnurren. Jetzt ist sie heiß und treibt den E-Motor locker an. Hoffentlich! Es soll nicht verschwiegen werden, daß unser Treibling eine kleine, aber entscheidende Schwachstelle hat. Es ist das Verbindungsstück der Kurbelwelle, das beide Kurbelwellenhälften exakt um 180° zueinander versetzt zusammenschließt. Haben wir nur einen Gewindestift nachlässig festgezogen, oder ist die Abflachung auf der Welle nicht wirklich plan, wird sich die betreffende Schraube durch die nun auf die Kurbelwelle wirkende Belastung langsam lockern. Nach wenigen Minuten schon ist die kraftschlüssige Verbindung dahin, die eine Hälfte eilt der anderen um wenige Millimeter voraus, die Dampfsteuerung stimmt nicht mehr, die Maschine bleibt nach wenigen ruckigen Umdrehungen stehen. Da hilft nur ein beherzter Griff zur Wasserflasche: Ein Spritzer ins Feuer und die Flamme ist erloschen, der Dampfdruck entweicht über die Maschine aus dem Kessel, und dann heißt es warten, bis die Maschine völlig erkaltet ist.

Anschließend sind alle Bauteile rund um die Kurbelwelle so gut es geht zu säubern und vor allem zu entfetten. Wir richten die Kurbelwelle erneut aus, ziehen die Schrauben unter Verwendung eines Tropfens Schraubensicherungslack fest und lassen den Kleber vorschriftsmäßig aushärten, bevor der nächste Probelauf gestartet wird.

Haben wir schon bei der Montage sorgfältig gearbeitet, hält die Kurbelwelle auch ohne diese unterstützende Maßnahme, und die Maschine wird weiterhin den Motor munter drehen.

Mit dem Voltmeter messen wir die Spannung an den Motoranschlüssen. Der abgelesene Wert gibt indirekt Aufschluß über Drehzahl und Leistung unserer Maschine. Und jetzt wird's ruppig: Wir schließen den E-Motor kurz, d.h., die beiden Anschlußfahnen werden mittels einer mit Krokodilklemmen ausgestatteten isolierten Meßleitung verbunden, was unseren Motor zur elektromagnetischen Bremse werden läßt. Sie zwingt die Dampfmaschine in die Knie. Die auftretenden Kraftverhältnisse entsprechen in etwa denen eines im Wasser arbeitenden Propellers.

Zeit zum Spielen: Wir steuern die Drehrichtung der Maschine immer wieder um, lassen sie langsam anlaufen, gehen gleich darauf auf Höchstdrehzahl, trennen kurz die Meßleitung von einer der Motorklemmen, die Drehzahl jagt in die Höhe. Ist der Kurzschluß wieder hergestellt, wirkt wieder Last auf die Kurbelwelle, so simulieren wir starke Lastschwankungen. Ist aller Dampf verbraucht und das Feuer erloschen, dürfen wir nicht vergessen, den Einfüllstutzen oder die Verschlußschraube des Füllstandsrohres zu öffnen. Bliebe der Boiler geschlossen, würde durch die Abkühlung im Inneren ein Unterdruck entstehen, der langsam Öl aus der Maschine bzw. dem Öler in den Kessel saugt. Öl auf Kesselwasser verhindert aber die Dampfbildung, unser Kessel könnte künftig kaum noch seine Leistung erbringen.

10. Fahrbetrieb

Mancher Leser wird längst entschieden haben, in welchem Schiffsmodell die Dampfanlage eingesetzt werden soll. Allen anderen seien hier ein ein paar Entscheidungshilfen an die Hand gegeben:

Die erste vollständig selbstgebaute Dampfanlage gehört in ein offenes Boot, denn schließlich soll jeder sehen können, was wir geleistet haben. Das Spiel der Kolben und Zylinder können wir tief unten im Schiffsrumpf leider nur bedingt beobachten, es wird teilweise durch das große Umsteuerventil verdeckt. Immerhin sieht man aber an den Zylinderdeckeln, ob und wie schnell sie sich bewegen, eine für den Einsteiger sehr nützliche Kontrollmöglichkeit. Schließlich haben Dampfmaschinen gerade zu Beginn ihres Daseins schon mal ihre Mucken und verweigern zuweilen aus den unmöglichsten Gründen ihren Dienst. Da ist es recht praktisch, wenn man einen direkten Zugriff hat und nicht erst umständlich Aufbauten entfernen muß.

Bild 94a

Bild 94b

Auch ist es am Anfang sehr beruhigend, jederzeit einen Blick auf den Kessel werfen zu können. Unregelmäßigkeiten am Brenner oder Undichtigkeiten an den Verschlüssen sind schnell entdeckt, man kann sofort eingreifen.

Wie schon bei den ersten Probeläufen zu sehen war, ist unsere Maschine nicht ganz stubenrein. Hier und da spritzt ein bißchen Öl-/Wassergemisch umher, tritt Dampf in geringen Mengen aus. In einem geschlossenen Raum unter Deck würde der entstehende Öl-/Dampfnebel u.U. sehr bald die Komponenten der Fernsteueranlage lahmlegen. Dieses Problem gibt es in einem offenen Boot kaum.

Viele Dampffreunde legen größeren Wert auf den Betrieb der Maschine als auf eine zeitaufwendige detail- und originalgetreue Ausstattung ihres Schiffsmodells. Eine einfache offene Pinasse, von denen es unzählige Bauformen gab und gibt,

Bild 94c

Bild 94d

läßt Raum für die freie modellbauerische Entfaltung. Zudem benötigt so ein Modell zumeist nur eine relativ kurze Bauzeit, ein nicht zu übersehendes Plus für die Entscheidung zugunsten dieses Bootstyps.

Das Angebot an Planmaterial für Pinassen und Steamlaunches ist in letzter Zeit größer geworden, Beschaffungsprobleme dürfte es daher kaum geben.

Der Prototyp der hier vorgestellten Maschinenanlage arbeitet in einem solchen nostalgischen Steamer, der, leicht verändert, nach den Rissen auf Seite 24 im Buch DAMPF 13, erschienen im Neckar-Verlag, entstand. Mit einer Länge ü.a. von 90 cm, in der Wasserlinie sind es 83 cm, einer Breite von 18,5 cm und einem Tiefgang von 6,5 cm verdrängt das Modell rund 3900 g. Wie aus den Fotos ersichtlich, treibt die an einen handelsüblichen 50-mm-Dreiblatt-Messingpropeller gekoppelte Maschine schon mit der Esbitbefeuerung das Modell munter voran. Der Betriebsdruck bleibt dabei über rund 15 Minuten bei 1 bar, danach sinkt er auf 0,8 bar ab, die Geschwindigkeit wird gemächlich. Dieser Effekt ist auf die Tatsache zurückzuführen, daß die Verdampfungsoberfläche im Kessel mit sinkendem Wasserstand (unterhalb der Kesselmitte) kleiner, der Dampfraum dagegen immer größer wird. Bei gleichbleibender oder langsam kleiner werdender Flamme ist es

Bild 94e

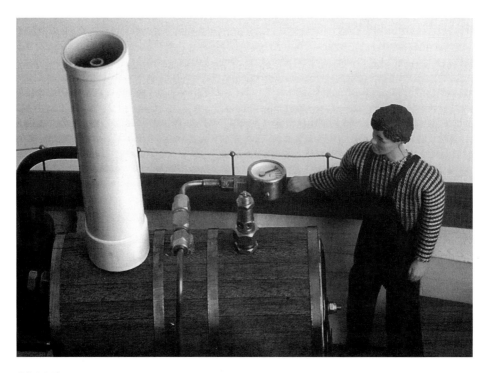

Bild 94f

dann kaum noch möglich, den gewünschten Betriebsdruck zu halten. Nur eine ständige Nachspeisung des Kesselwassers, wodurch Verdampfungsfläche und Dampfraum immer konstant blieben, könnte dem Druckverlust entgegenwirken. Im Grunde ist dieser Effekt aber sehr nützlich, denn frühzeitig erkennen wir, wann das Ende einer Fahrzeitperiode gekommen ist und können uns vorbereiten, das Modell aus dem Wasser zu nehmen.

Die Gesamtfahrzeit liegt bei rund 18 Minuten. Wenn das Esbit vollständig verbrannt ist, bleiben noch gut 20 cm^3 Wasser im Kessel, ein Trockenfahren des Kessels ist also ausgeschlossen.

Es hat sich gezeigt, daß die Maschine über Leistungsreserven verfügt, also durchaus auch Boote mit einer etwas größeren Verdrängung antreiben kann, vorausgesetzt, es steht genügend Dampfdruck zur Verfügung. Bei einer der Probefahrten des Prototyps wurde das Umsteuerventil so lange geschlossen gehalten, bis der Druck auf 2 bar angestiegen war und dann geöffnet. Die Maschine brachte das Modell kurzzeitig auf eine beachtliche, unrealistisch wirkende Geschwindigkeit. Gelingt es, den Kesseldruck konstant auf ca. 1,5 bar zu halten, kann man durchaus auch Modelle antreiben, deren Verdrängung geringfügig über 4 kg liegt. Wie man mehr aus dieser kleinen Anlage herausholt, wird im nachfolgenden Kapitel beschrieben.

Mit diesen wenigen Angaben aus der Praxis dürfte es nicht mehr schwerfallen, aus dem Angebot an Plänen und Fertigrümpfen das passende Modell auszuwählen.

11. Tuning-Tips

Ist erst einmal die anfängliche Freude über das Geleistete abgeebbt und sind die ersten Fahrten mit dem neuen Dampf-Modell erfolgreich verlaufen, fängt man fast zwangsläufig an, über Verbesserungsmöglichkeiten nachzudenken. Was kann man tun, um der Anlage noch etwas mehr Leistung zu entlocken, das Boot noch ein bißchen flotter zu machen und längere Fahrzeiten zu erzielen? Dies wäre kein Einsteigerbuch, wenn es nicht auch ein paar Antworten auf solche Fragen geben würde. Die wenigen, im folgenden vorgeschlagenen Tuningmaßnahmen, die auch mit knappem Modellbauetat zu realisieren sind, erheben allerdings keinen Anspruch auf Vollständigkeit.

11.1. Wärmeverluste vermeiden

Der sich über der Wasseroberfläche im Kessel bildende Naßdampf enthält noch feinste Wassertröpfchen. Je weiter man ihn aber erhitzt, um so mehr Wasser wird ihm entzogen, wir bekommen von allen Wasseranteilen befreiten Sattdampf. Allerdings ist dieser Energieträger anfällig gegen Abkühlung. Sobald er mit kälteren Bauteilen in Berührung kommt, kondensiert ein Teil wieder zu Wasser. Um diesen Verlusten entgegenzuwirken, sind Techniker und Ingenieure seit Erfindung der Dampfmaschine bestrebt gewesen, Leistungsverluste durch die mehrfache Energieumwandlung auf dem Weg zur nutzbaren mechanischen Drehbewegung soweit wie möglich zu minimieren. Die wesentlichsten Maßnahmen galten dabei den Wärmeverlusten jeglicher Art.

Wie steht es nun in diesem Punkt um unser Aggregat? Der Fachman hat die Schwachstellen längst erkannt und fragt sich haareraufend, wie es sein kann, daß solch eine simple Anlage überhaupt ein Modell vorantreibt. Zugegeben, bedingt durch die einfache Bauausführung gehen wir mit der wenigen zur Verfügung stehenden Wärme der Esbit-Blöckchen schon recht großzügig um. Außer einer dünnen Lage Isoliermaterial und ein paar Leisten auf dem Kesselhaus haben wir bislang keine weitere Wärmedämmung vorgesehen. Berührt man den betriebsheißen Kessel, ist deutlich zu fühlen, was gemeint ist. Unsere Maschine bietet dem Dampf zusätzlich zumindest am Beginn eines Betriebszyklusses recht große kalte Flächen, allein das Umsteuerventil verschlingt viel Wärme, bis es endlich betriebswarm ist. Auch bei längeren Fahrpausen kühlt die Maschine wieder ab. So wandert ein nicht unerheblicher Teil unseres „Treibstoffes" über den Öl- und Wasserabscheider hinaus ins Freie, ohne nennenswerte Arbeit verrichtet zu haben. Was kan man tun, um diese Verluste zumindest etwas einzuschränken?

11.1.1. Dampfrohre isolieren

Die erste Maßnahme gilt der Abkühlung des Dampfes auf dem Weg zur Maschine. Wie schon in Kapitel 9.1. empfohlen, muß die Dampfleitung möglichst kurz sein. Je länger sie ist, um so mehr verliert der Dampf aufgrund bester Wärmeleiteigenschaften des Kupferrohres an Spannkraft, ein Teil seiner Wärme wird über das Rohr an die umgebende Luft abgegeben, die nutzbare Kraft sinkt. Der einfachste Weg zur Verringerung dieses Verlustes ist das Isolieren des Dampfrohres. Die dampfführende Leitung des Prototyps wurde dazu mit zwei Lagen, aus dem Webereihandwerk stammenden, baumwollenen Kettgarn umwickelt. Eine andere Möglichkeit besteht darin, über das Kupferrohr einen Silikonschlauch zu schieben und diesen zur optischen Aufwertung mit Takelgarn zu umwickeln, eine sehr wirkungsvolle Methode. Wer seiner Anlage einen professionellen Look verpassen möchte, sollte das Rohr mit speziellen Isoliergarnen aus den Zubehörprogrammen der Dampfmodellbauanbieter umwickeln.

11.1.2. Dampf „trocknen"

Um die Folgen der Dampfabkühlung weiter zu reduzieren, kann man den Dampf vor Erreichen der Maschine überhitzen, ihm also noch einmal Wärme zuführen. Dazu wird er außerhalb des Kessels in einen Überhitzer, eine durch Rauchgase erwärmte Kupferschlange, geleitet. Ab jetzt nennt man ihn Heißdampf, der bei gleichem Druck eine höhere Temperatur als Sattdampf hat. Die kalte Maschine kühlt ihn zwar anfänglich weiterhin ab, Kondensation findet ebenfalls statt, ihre Dauer verkürzt sich aber deutlich. Hat die Anlage erst einmal die Betriebstemperatur erreicht, läßt sich bei gleichem Druck, aber höherer Dampftemperatur mehr Maschinenleistung erzeugen als mit Naß- oder Sattdampf. Wie groß der Leistungsgewinn ist, hängt vom Grad und von der Art der Überhitzung ab.

Für unsere Anlage bieten sich folgende Möglichkeiten an: Das Dampfrohr wird vom T-Stück kommend am Kesselmantel hinunter wieder zurück in den Brennerraum und dann außerhalb des Flammenbereichs am Kesselhausmantel entlang nach hinten, Richtung Füllstandsrohr verlegt. Die Strecke durch den Brennerraum reicht allemal aus, um den Dampf für unsere Belange ausreichend zu trocknen. Natürlich vergessen wir nicht, die außerhalb des Kesselhauses verlaufenden Stücke Dampfrohr ebenfalls zu isolieren.

11.1.3. Kesselhaus besser isolieren

Will ein Kessel nicht die gewünschte Leistung erbringen, ist besonders der Newcomer schnell der Ansicht, „mehr Feuer wird's schon richten". Das ist aber nicht in jedem Fall richtig. Kein Feuer kommt ohne Sauerstoff aus, und davon gibt es in einem Brennerraum nur eine begrenzte Menge. Würde man die Flamme durch Zugabe von mehr Brennstoff vergrößern, käme bei gleichem Kesselhausvolumen allenfalls eine ungenügende Verbrennung und somit eine schlechte Energieausnutzung heraus. Schlimmstenfalls leistet der Kessel weniger als vorher. Viel wichtiger kann es dagegen sein, das Kesselhaus und auch den Brennerraum gegen Wärmeverluste zu isolieren. Verlängert man z.B. die außenliegende Kesselhausisolierung bis zu den Luftschlitzen hinunter und belegt die Fläche mit einer zweiten Lage Blech, kann die hier eingesparte Wärme für die Erwärmung des Kessels genutzt werden. Zudem bleibt es im Rumpf unseres Modells vergleichsweise kühl. Wer noch mehr tun möchte, isoliert auch die Fronten des Kesselhauses und verkleidet sie ebenfalls mit Blech.

Keinesfalls darf man die Isolierung aus optischen Gründen in das Kesselhaus verlegen, der Feuerraum würde sich verkleinern, die Luft für eine gute Verbrennung nicht mehr ausreichen.

11.2. Brenner und Brennstoffe

Sicherlich haben sich einige Leser bereits Bemerkungen gutmeinender Modellbaukollegen anhören müssen, dieser streng riechende Brennstoff sei wirklich eine Zumutung, ob das denn so sein müsse und ob man da nicht mal einen anständigen Brenner einbauen könnte. Natürlich kann man – mit dem nötigen Kleingeld kann man fast alles. Sind die Mittel verfügbar und wir willens, den Nörgeleien nachzugeben und umzurüsten, bliebe zu klären, welche Vorteile eine andere Befeuerungsart bietet, welche Möglichkeiten es gibt und welche Kosten auf uns zukommen.

Betrachten wir zunächst die Heizwerte der verschiedenen in Frage kommenden Brennstoffe. Sie geben Auskunft über die bei der Verbrennung von 1 kg des betreffenden Brennstoffs freiwerdende Wärmemenge. Die in der nachstehenden Tabelle aufgeführten Werte können je nach Reinheitsgrad der Brennstoffe nach oben oder unten variieren. Die Angaben für Esbit entstammen dem Datenblatt der Herstellers.

Brennstoff	kJ/kg	kcal/kg
Spiritus 94 Vol. %	25122	6000
Esbit	31300	7481
Butan	45638	10900
Propan	50244	12000

Es wird deutlich, daß bei der Verbrennung von Gas mehr Wärme frei wird, als wir unserem Festbrennstoff jemals entlocken könnten. Ohne weiter in die Chemie der Verbrennung vorzudringen, läßt sich sagen, daß sich in einem gasbefeuerten Kessel deutlich schneller Dampfdruck aufbauen wird. Durch die Regelbarkeit der Flamme läßt er sich zudem wesentlich leichter auf einer bestimmten Höhe halten. Das klingt verlockend, oder? Wir würden mit einer Gasflamme unter unserem Kesselchen immer genügend Druck haben, um mit Volldampf voraus über das Gewässer zu steamen. Je nach eingestellter Flammenhöhe stiege der Druck in den Fahrpausen zwar mehr oder weniger schnell an, über das Sicherheitsventil würde der wertvolle Dampf aber ins Freie entweichen. Eine Verlängerung der Fahrzeit erreichen wir so natürlich nicht.

Wenngleich heute die Gasbefeuerung den Dampfmodellbau dominiert, wollen wir die guten alten Spiritusbrenner nicht völlig übersehen. Man unterscheidet Dochtbrenner und Vergaser-Brenner. Beim Dochtbrenner wird, wie es der Name vermuten läßt, Spiritus über einen Docht aus einem Behälter entnommen und verbrannt. Diese Brenner sind kaum wirkungsvoller als die Festbrennstoffblöckchen, aber im Schiffsmodell sehr viel unsicherer. Schnell läuft bei „kräftigem Seegang" ein wenig Spiritus aus – die Feuergefahr ist unverkennbar. Sehr viel effektiver, aber auch komplexer im Aufbau, sind Spiritus-Vergaserbrenner. Der Brennstoff wird hier vor Erreichen der Brennerdüsen durch die Wärme des Brenners vergast. Das expandierende Gas strömt mit erhöhtem Druck aus der Brennerdüse, wo es gezündet und verbrannt wird. Solche Brenner sind kaum noch im Handel erhältlich, schon

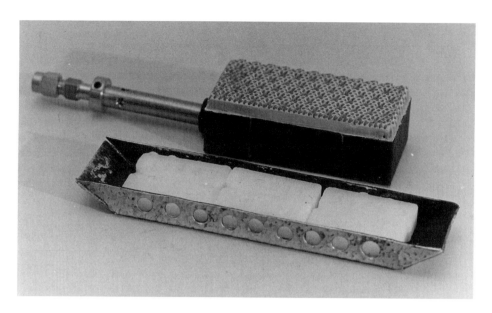

Bild 95

gar nicht als Flächenbrenner. Der Selbstbau ist für einen Einsteiger nicht in jedem Fall empfehlenswert. Für den im Umgang mit Feuer und Brennstoffen Erfahrenen öffnet sich jedoch ein durchaus interessantes neues/altes Betätigungsfeld. Allerdings wird man auf Tips und Tricks der „alten Hasen" zurückgreifen müssen, denn Literatur und Bauvorschläge zu diesem Thema gibt es kaum.

Ein Grund für die Leistungsfähigkeit unseres Kessels, schon bei Einsatz von Festbrennstoff, ist die Breite des Flammenbettes. Die schmale spitze Flamme eines einschenkeligen Gas-Rohrbrenners oder auch eines entsprechenden Spiritus-Vergaserbrenners bestreicht eine weitaus kleinere Kesselfläche, so daß die Umstellung auf solch einen Brenner nicht zwangsläufig ein Mehr an Leistung bringen muß. Im übrigen dürfte es sehr schwer, wenn nicht gar unmöglich sein, für unsere Kesselgröße einen passenden Rohrbrenner zu finden.

Seit einiger Zeit erobern Gas-Keramikbrenner den Dampfmodellbaumarkt, deren Herzstück aus einer speziellen Keramikplatte mit vielen kleinen Brennerdüsen besteht. Sie sind im Vergleich zum herkömmlichen Rohrbrenner sparsamer im Brennstoffverbrauch, haben eine deutlich bessere Verbrennung, die Emissionswerte sind niedriger und der Wirkungsgrad höher. Für uns ist aber die Tatsache entscheidend, daß diese Brenner in Größen zu haben sind, die annähernd denen unserer Brennerschale entsprechen *(Bild 95)*. Idealer kann es kaum sein, jetzt können wir die Vorzüge des breiten Flammenbettes unserer Schale mit denen eines Gasbrenners vereinen.

11.2.1. Die Umrüstung, Auflagen, Kosten, Ausführung

Bevor wir nun voller Begeisterung die Umrüstung auf Gasbefeuerung angehen, gibt es noch ein paar Dinge zu beachten. Hinsichtlich eines möglichst langen Daseins unseres neuen Modells ist es ratsam, den sicherheitstechnischen Bestimmungen folgend, eine Vorrichtung in das Modell einzubauen, mit der die Gaszufuhr bei Bedarf unterbrochen werden kann. Ein leistungsfähiger Brenner läßt uns kaum den Druckabfall gegen Ende der Betriebszeit erkennen. Wenn dann der Wecker am Armband, der uns daran erinnern soll, nicht zuverlässig funktioniert, riecht es bald streng nach verbranntem Holz und Kunststoff. Das restliche Wasser ist schnell verdampft, leider hat das Modell jetzt keine Möglichkeit mehr, aus eigener Kraft an Land zu kommen. Man wird den hoffentlich anwesenden Kollegen bitten müssen, zu helfen. Ist keine Abschaltmöglichkeit für den Brenner vorhanden, kokelt es im Schiff munter weiter vor sich hin, und der Kollege wird uns ausgiebig erklären, warum er mit seinem mühevoll nach Werftplänen gebauten Modell leider nicht in der Lage ist, die Bergung einzuleiten. Ende einer Dampfzeit!

Die Unterbrechung der Gaszufuhr übernimmt ein in die Versorgunsleitung zwischen Gastank und Brenner eingefügtes Gas-Absperrventil. Solch ein Stößelventil wird durch ein Servo ständig gedrückt gehalten, die Leitung ist offen. Läßt das Servo den Stößel in den Ruhezustand gleiten, ist die Leitung geschlossen.

Vor einer endgültigen Entscheidung zugunsten einer Brennerart hier noch einmal die jeweilgen Eigenschaften im Überblick:

Befeuerung mit Festbrennstoff:

- \+ preiswerter Selbstbau der Brennerschale
- \+ einfache und sichere Handhabung und Betrieb
- \+ geringer Platzbedarf im Modell
- \+ problemloser Transport des Brennstoffes im PKW, auch an heißen Tagen
- – Brennstoffkosten im Vergleich zu Gas hoch
- – niedriger Heizwert
- – erreichbarer Betriebsdruck etwa 1 bar
- – Flamme im Betrieb nicht regelbar

Befeuerung mit Spiritusbrennern

- \+ niedrige Brennstoffkosten
- \+ niedrige Anschaffungskosten, da Selbstbau möglich (nur für erfahrene Modellbauer)
- \+ problemloser Transport des Brennstoffs im PKW, auch an heißen Tagen
- +/– mäßiger Heizwert
- +/– akzeptable Brennerleistung nur bei Vergaserbrennern
- +/– Flamme bei Vergaserbrennern bedingt regelbar
- – unsicher, Brandgefahr (nur Dochtbrenner im Schiffsmodell)
- – aufwendige Installation und großer Platzbedarf im Modell (nur Vergaserbrenner)

Gasbefeuerung

- \+ niedrige Brennstoffkosten
- \+ hoher Heizwert
- \+ Flamme regelbar dadurch ...
- \+ ... Höhe des Dampfdrucks einstellbar
- − hohe Anschaffungskosten
- − aufwendige Installation und großer Platzbedarf im Modell
- − Gasnachfüllkartuschen und Tank müssen an heißen Tagen vor Erwärmung geschützt werden.

Dem Zeitgeist folgend wird sich manch einer für die Befeuerung mittels Gas-Keramikbrenner entscheiden. Folgende Teile sind für solch eine Anlage nötig:

Keramikbrenner
Gastank mit Befüllventil
Gas-Eckventil zum Regeln am Tank
Rohrleitung und Verschraubungen für die Verbindung zwischen Tank und Brenner
Gas-Absperrventil
Kartuschenanschluß nebst Schlauch und Kupplung zum Befüllen des Gastanks.

Damit wären wir beim letzten noch zu klärenden Punkt, den Kosten der Umrüstung.

Der Materialpreis für das Stückchen Blech zur Herstellung der Brennerschale ist im Vergleich zu dem einer Gasbefeuerung verschwindend gering, wenn überhaupt Kosten dafür anfallen. Betrachten wir die Brennstoffkosten unserer Dampfanlage in der Grundversion. Sie liegen bei etwas unter DM 1,– pro Kesselfüllung. Mit dem Inhalt einer 600-ml-Gaskartusche, die nur wenig mehr als zwei Pakete Esbit kostet, fährt man deutlich preisgünstiger.

Zum Finanzbedarf der Umrüstung läßt sich an dieser Stelle keine verbindliche Aussage machen, Preise ändern sich, Anbieter kalkulieren ständig neu. Wir wollen statt dessen einen eigentlich unzulässigen Vergleich anstellen, nämlich Äpfel mit Birnen vergleichen. Grob gerechnet kann man für den Preis der Umrüstung sein Modell mehr als 200mal mit Esbit befeuert über den Teich schippern lassen. Das ergibt mehr als 65 Betriebsstunden. Zwei Jahre lang könnte man unter Einsatz dieses Betrags an jedem Sonntag in der Saison drei- bis viermal Dampf aufmachen. Aber wie gesagt, das ist Äpfel mit Birnen vergleichen.

11.2.2. Die Umrüstung auf Gasbefeuerung

Die **Zeichnung 19** und **Bild 96** zeigen, wie ein umgerüsteter Kessel aussehen kann. Die Änderungen betreffen die Höhe des neuen Kesselhauses und den Wasserstandsanzeiger. Der Keramikbrenner ist höher als unsere Brennerschale.

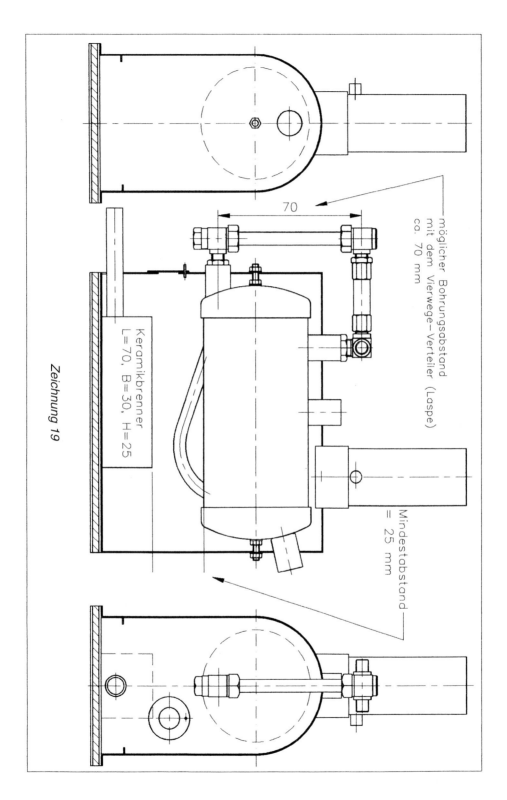

Zeichnung 19

Bild 96

Da der Mindestabstand zwischen Brenner und Kesselboden von 25 mm in jedem Fall beizubehalten ist, muß das Mehr an Höhe des Keramikbrenners zur gesamten Kesselhaushöhe hinzugerechnet werden. Die Teile 11 bis 13 der Kesselzeichnung sind daher um diesen Betrag zu verlängern.

Die Feuertür in der Kesselhausfront 14 wird durch eine Bohrung ersetzt, durch welche das Mischrohr des Brenners führt. Etwas seitlich und wenige Millimeter höher bohrt man ein zweites Loch, durch das die Zündflamme gehalten wird. Eine kleine runde Platte verschließt das Loch, verhindert falschen Zug.

11.2.3. Wasserstandsanzeiger

Entsprechend der TRD 801 sind Kleinstkessel dann mit einem Wasserstandsanzeiger auszurüsten, wenn der niedrigste Wasserstand im Kessel gekennzeichnet sein muß. Dies trifft auf einen gasbefeuerten Kessel zu, wenn die mitgeführte Brennstoffmenge nicht auf den Kesselinhalt abgestimmt ist. Würde bei schon reichlich leerem Kessel die Flamme weiterbrennen, käme es zum Trockenfahren. Hierbei besteht die Gefahr, daß der noch unter Dampfdruck stehende Boiler durchbrennt und explodiert.

Wasserstandsanzeiger funktionieren nach dem „Prinzip der kommunizierenden Röhren". Wir erinnern uns dunkel an längst vergangene Physikstunden und den auswendig gelernten Satz: „In leitend verbundenen Gefäßen steht das Wasser immer gleich hoch".

Der Wasserstand im Kessel wird an einem Glasrohr abgelesen, welches über zwei Winkelstücke mit dem Kessel verbunden ist. Die Anzeigegenauigkeit dieser Vorrichtung läßt bei kleinen Kesseln aber oftmals zu wünschen übrig. Füllt man Wasser in den Boiler, sollte dabei nach den Regeln der Physik langsam eine Wassersäule in dem Glasrohr emporsteigen. Manchmal passiert aber einfach nichts, bis plötzlich Wasser ins Glas schießt und den Zustand „Voll" anzeigt. Wenn wir Pech haben, schlabbert in diesem Moment bereits Wasser aus dem Einfüllstutzen. Der Kessel ist zu voll! Umgekehrt das gleiche Bild: Man glaubt noch reichlich Wasser im Kessel zu haben, da verschwindet die Wassersäule schlagartig aus dem Glasrohr: Der Kessel ist leer. Verantwortlich für solche Eskapaden ist ein zu klein gewählter Querschnitt des Glasrohres sowie die oft unterschätzte Oberflächenspannung des Wassers. Wenn sich dann noch ölige oder kalkhaltige Ablagerungen im Glasrohr abgesetzt haben, ist eine genaue Anzeige kaum möglich.

Selbst bei einem ausreichend dicken Glasrohr bleibt der Nutzen dieser Armatur bei kleinen Kesseln fraglich. Wenn bei der in **Zeichnung 19** vorgeschlagenen einfachen Version die Wassersäule langsam am unteren Ende des Glasrohres sichtbar wird, ist der Kessel schon halb voll, erreicht sie die Mitte, ist die maximale Füllung bereits erreicht. Wollte man, entsprechend der TRD 801, an diesem Kessel den niedrigst möglichen und zulässigen Wasserstand ablesen, müßte eine weitaus kompliziertere Installation der Anzeige erfolgen. Ohne Zweifel verleiht der Wasserstandsanzeiger dem Kessel aber ein professionelles Aussehen.

Betrachten wir die Installation im einzelnen. Der 3-Wege-Verteiler (7) wird parallel zur Kessellängsachse eingesetzt und an den linken Ausgang eine überlange Doppelmuffe geschraubt. Alternativ kann, wie in **Bild 97** zu sehen, ein 4-Wege-Verteiler eingesetzt und der verbleibende freie Anschluß z.B. für eine Dampfpfeife genutzt werden.

Bild 97

Das freie Ende der Doppelmuffe nimmt das Oberteil des Wasserstandsanzeigers auf. Das Unterteil wird in einen überlangen Einlötring geschraubt, der absolut winklig zur Mittelachse des Kessels in den Kesselboden (1) einzulöten ist. Es ist sinnvoll, das Loch möglichst weit unten am Rand zu bohren, je tiefer der Anschluß, um so größer die Anzeigenbreite.

Das Einlöten des Ringes geht recht einfach, wenn man die Teile des Wasserstandsanzeigers statt mit dem Glasrohr mit einem entsprechenden Messingrohr verbindet, sorgfältig ausrichtet und mit einem Drahtwickel am Kessel fixiert. Damit sind Winkelfehler, die später das Glas brechen lassen könnten oder Undichtigkeiten verursachen, so gut wie ausgeschlossen. Ist alles perfekt rechtwinklig zueinander ausgerichtet, wird mit dem 14-mm-Brenner hartgelötet.

Sofern diese Änderung nachträglich vorgenommen wird, ist wiederum eine komplette Druckprobe nötig (vgl. Kapitel 6.6.).

Das Manometer schließen wir am Einlötring der zweiten Kesselfront an, dort, wo bislang unsere Füllstandsschraube saß. Fertig ist unsere topgetunte Kesselversion.

11.3. Kosmetisches

Die optische Wirkung, der professionelle Look einer Dampfanlage hängt entscheidend von ihrem äußeren Finish, wie der Vielzahl der angebauten Armaturen, ab. Wie im richtigen Leben erregt man auch hier mit viel Schmuck Aufmerksamkeit, das macht was her, da gibt es was zu bestaunen. Natürlich belasten solche Ausstattungsdetails die oft schmale Modellbaukasse. Dennoch sollen am Ende dieses auf Sparsamkeit bedachten Projektes ein paar Anregungen für die optische Aufwertung unserer Anlage nicht fehlen.

11.3.1. Kesselbeplankung

Die Holzbeplankung des Kessels wurde am Ende von Kapitel 6.7.4. bereits kurz erwähnt. Eine solche Umhüllung hat zwar keine nennenswerte Isolierwirkung, wertet aber das Äußere ungemein auf. Ein versierter Modellbauer wird mit der Anfertigung kaum Probleme haben. Das verwendete Holz muß gut abgelagert und trocken sein. Da es später durch die Abstrahlungswärme des Kessels weiter schrumpfen wird und damit Lücken zwischen den Brettchen entstehen, empfiehlt es sich, diesen Prozeß vorwegzunehmen und sie unmittelbar vor der Verarbeitung im Backofen bei rund 50 °C eine Stunde zu trocknen. Danach fixiert man sie (noch warm) locker aneinandergereiht am Kesselhaus mit Messingbändern. Sie dürfen nicht zu fest angezogen werden, denn beim Abkühlen nimmt das Holz langsam die Umgebungsfeuchte wieder auf und dehnt sich aus. Ist dafür kein Raum, drücken sich die Leisten gegenseitig hoch, die Oberfläche der Ummantelung wird dann sehr unschön aussehen.

Bild 98

Zuweilen liest man, daß Kesselbeplankungen auf dem Kessel oder der Isolierung verklebt werden, ein Verfahren, das nicht unbedacht übernommen werden sollte. Im Laufe eines Kesseldaseins verunstalten Wasserflecken die Hölzer, es kommt im schlimmsten Fall zu verkohlten Leisten, wenn durch unbedachte übermäßige Brennstoffzufuhr plötzlich Flammen aus den Luftschlitzen des Kesselhauses nach oben schlagen. Wohl dem, der nicht die gesamte Ummantelung gewaltsam entfernen muß, sondern nur die betroffenen Brettchen austauschen kann.

Die Art des verwendeten Holzes richtet sich nach den Gegebenheiten am Modell, man sollte allerdings darauf achten, die Leisten nicht zu dick und zu breit zu wählen, sonst verkehrt sich die optische Wirkung ins Gegenteil. Der Prototyp wurde mit handelsüblichen Mahagonileisten 7 x 1,5 mm beplankt. Ob man die Bretter abschließend lackiert oder ölt, richtet sich wiederum nach den Gegebenheiten am Modell.

11.3.2. Hauptabsperrventil

Dampfkessel besitzen üblicherweise ein Hauptabsperrventil, mit dem die Dampfentnahme am Kessel geöffnet bzw. geschlossen wird. Bei unserer kleinen Anlage übernimmt diese Aufgabe das Umsteuerventil. Seit den ersten Probeläufen wissen wir, daß es nicht hundertprozentig dichtet. Steigt der Druck auf über 1 bar, tritt unter dem Regelkopf, selbst bei korrekter Einstellung der Andruckkraft, etwas Heißdampföl und auch minimal Dampf aus. Nichts Bedeutendes, winzigste Verluste in der Anheizphase und in den Fahrpausen sind aber vorhanden. Es dauert dadurch ein wenig länger, bis der maximale Betriebsdruck erreicht ist. Diesem Makel kann man zumindest in der Anheizphase mit einem Hauptabsperrventil entgegenwirken, das anstelle des 3-Wege-Verteilers unmittelbar in den Kessel geschraubt wird.

12. Schluß

Die Dampfanlage ist fertig und funktioniert zur vollsten Zufriedenheit? Prima, damit wäre das Ziel erreicht, der Idealfall eingetreten, den alle Mitarbeiter an diesem Buch jedem Leser wünschen. Es wäre aber auch kein Makel, wenn das eine oder andere nicht so perfekt gelungen sein sollte. Schließlich läßt sich die Fähigkeit Dampfmodelle zu bauen kaum durch das Lesen eines Buches erlernen, selbst dann nicht, wenn der Autor streng darauf geachtet hat, jeden Arbeitsgang bis hin zum letzten Handgriff möglichst ausführlich zu beschreiben.

Sicherlich gibt es an der vorgestellten Dampfanlage manches zu verbessern, könnten Arbeitsabläufe mit entsprechendem Werkzeug effektiver und präziser gestaltet werden. So gehörte es mit zu den schwierigsten Dingen bei der Arbeit an diesem Buch, den einfachsten, preisgünstigsten und für möglichst jeden Einsteiger gangbaren Weg zu finden. Zahllose Ideen zur effektiveren, technisch ausgereifteren Gestaltung der Anlage mußten verworfen werden, weil sie für den Newcomer zu komplex oder schlicht zu teuer geworden wären. Dies zeigt aber, welche Möglichkeiten noch in dieser einfachen Konstruktion schlummern.

Am Ende bleibt die Erkenntnis, daß die vielfach verschmähten und belächelten einfachwirkenden oszillierenden Dampfmaschinen völlig zu Unrecht ein Schattendasein führen. Mit viel Sorgfalt gebaut, öffnen sie uns die Tür zu einem der interessantesten Bereiche unseres Hobbys, dem Dampfschiff-Modellbau.

Anhang 1: Bohren

Tabelle 1:

Richtwerte für den Einsatz von Bohrern aus hochlegiertem Werkzeugstahl (HSS)

Werkstoff	Winkel	Schnittgeschwindigkeit v in [m/min]	Kühlschmierstoff
Unlegierter Stahl			
bis 500 N/mm²	118°	30...40	Emulsion
bis 1000 N/mm²	118°	10...15	Emulsion
Legierter Vergütungsstahl			
1000...1200 N/mm²	118°	8...10	Emulsion, Öl
Messing, spröde (Ms58)	130°	60...100	trocken
Messing, zäh (Ms60, Ms63)	118°	35...60	Emulsion, Öl
Kupfer	118°	20...35	Emulsion, Öl

Die Drehzahl des Bohrers berechnet sich nach folgender Formel:

$$n = \frac{v \times 1000}{d \times \pi} \; [1/min]$$

v = Schnittgeschwindigkeit [m/min]
d = Bohrerdurchmesser [mm]

Die mit o.g. Formel zu errechnenden Drehzahlen sind Richtwerte und gelten nur für Bohrarbeiten mit Industriemaschinen unter Verwendung von HSS- bzw. HSS/E-Spiralbohrern. Das zu bohrende Bauteil ist dabei entsprechend den geltenden Sicherheitsbestimmungen korrekt zu spannen, ansonsten besteht Unfallgefahr!

Bei **Verwendung von Heimwerker- und Tischbohrmaschinen sowie Spannvorrichtungen der unteren Preisklassen** haben sich folgende Drehzahlen bewährt:

Tabelle 2:

Bohrer ø mm	Messing 1/min	Kupfer 1/min	Stahl 1/min
1	6400	5100	5100
2	3200	2500	2500
3	2200	1700	1700
4	1600	1300	1300
5	1300	1000	1000
6	1050	900	900
7	900	700	700
8	800	600	600
9	700	550	550
10	600	500	500

Gewindebohrungen

Den Durchmesser eines Kernbohrers für eine Gewindebohrung ermittelt man mit der Faustformel

Gewinde x 0,8

(Ab M10 gilt diese Faustformel nicht mehr!)

Genauer geht es nach der Formel

Gewinde-Nenndurchmesser minus Steigung

Das schraffierte Feld in Tabelle 3 zeigt, welcher Kernbohrer aus einem Standard-Bohrersatz auszuwählen ist.
Ein 3,2-mm-Bohrer sollte in jedem Satz enthalten sein.

Tabelle 3:

Gewinde	Steigung	Kern-ø mm	Kernloch-ø mm	zu wählender Bohrer mm
M 3	0,5	2,46	2,5	2,5
M 4	0,7	3,24	3,3	3,2
M 5	0,8	4,13	4,2	4
M 6	1	4,92	5	5
M 8	1,25	6,65	6,8	6,5
M 10	1,5	8,38	8,5	8,5

Anhang 2:

Quellenhinweise

Autor	Titel	Ort	Jahr
Arnot, Peter	Starting in Steam aus: Model Boats, Juni 1988 – Juni 1990	Hemel Hempstead	1988
Cain, Tubal	Building Simple Model Steam Engines	Hemel Hempstead	1993
D.M.C.	Dampfmaschinen-Kleinanlage Konstruktionsanleitungen für Kleinanlagen aus: Das Dampf Modell 2/92	Ahrensburg	1992
Duschek, Friedrich	Wasser für den Kessel – die notwendige Aufbereitung aus: Das Dampf Modell 3/95	Ahrensburg	1995
Evans, Martin	Model Locomotive and Marine Boiler	Hemel Hempstead	1988
Falk, Gockel, Lernel, Schlossorsch	Metalltechnik – Grundstufe		1990
Fitt, William C.	Steam and Stirlings – Engines You can build Traverse City	Mi	1980
Flohr, Horst	Exaktes Bohren aus SchiffsModell 1/1986, S. 39 ff., Heft 2 1986, S. 96 ff.	Villingen-Schwen.	1986
L.B.S.C.	The Live Steam Book	Hinckley	1990
Marschal, Percival	Machinery for Model Steamers	Hinckley	1992
unbekannt	Steam Engine Projects from the YOUNG MECHANIC 1871	Bradley IL	1989
Van Dort / Oegema	Handbuch Modell Dampfmaschinen	Villingen-Schwen.	1980
Vieweg, Theodor	DAMPF 3 – Dampferzeuger	Villingen-Schwen.	1991
Vieweg, Theodor	DAMPF 5 – Dampfgetriebene Straßenfahrzeuge	Villingen-Schwen.	1989
Vieweg, Theodor	DAMPF 13 – Dampfboote – Vorbild und Modell	Villingen-Schwen.	1988
Vieweg, Theodor	DAMPF 18 – Befeuerung	Villingen-Schwen.	1991
Vieweg, Theodor	Dampfmaschinen für den Schiffsmodellbau	Villingen-Schwen.	1983
Volks, Dietmar	Dampfantrieb leicht gemacht	Villingen-Schwen.	1995
Yates, Raymond F.	Model Making	Bradley IL	1925

Anhang 3:

Bezugsquellen

Die aufgeführte Liste erhebt keinen Anspruch auf Vollständigkeit. Es sind nur die Firmen und Bezugsquellen aufgeführt, von denen für dieses Dampfprojekt Material bzw. Werkzeug bezogen wurde und die vom Autor empfohlen werden können.

Artikel	Adresse

Händlernachweise

Artikel	Adresse
Buchsen- und Lagerkleber	Loctite Deutschland GmbH 648 Loctite Arabellastr. 17 81925 München
Bundbuchsen 3 und 4 mm Silberstahlwellen 3 und 4 mm Silberstahlwelle 8 mm	Conrad Electronic 92240 Hirschau
Kesselmaterial, komplett	Dieter Laspe Modellbau u. Feinwerktechnik Lingeweg 5 41472 Neuss-Holzheim
Lötgerät	Rothenberger GmbH
Silberhartlot AF 3134 (alt: 3030) 2,0 x 500 mm	Fontargen Gesellschaft für Löt u.Schweißtechnik mbH Goethestr. 4 75239 Eisingen
Werkzeuge	Hahn u. Kolb Werkzeug GmbH Borsigstr. 50 70469 Stuttgart-Feuerbach
Silikonschlauch Außen-Ø 7 mm, Innen-Ø 3 mm	Johannes Graupner 73220 Kirchheim/Teck
Dampfkesselverordnung Technische Regeln für Dampfkessel (TRD)	Carl Heymans Verlag KG Luxemburger Str. 449 50939 Köln

Anhang 4:

Sicherheitstechnische Bestimmungen

Auszug aus DAMPF 3 , Neckar-Verlag, 3. überarbeitete Auflage 1991

Bau und Betrieb von Dampfkesselanlagen unterliegen den Vorschriften der auf Grund der Gewerbeordnung (GewO) erlassenen Dampfkesselverordnung (DampfkV).

Nach § 1 Abs. 2 gilt sie jedoch nicht für privat betriebene Dampfkessel.

- **Da auch Modellkessel Menschen gefährden können, sollte jeder Betreiber die Vorschriften beachten, um den Vorwurf der Fahrlässigkeit auszuschließen.**

Nach den allgemeinen Verwaltungsvorschriften gelten die Bestimmungen der DampfkV als erfüllt, wenn die Kesselanlagen den vom Deutschen Dampfkesselausschuß (DDA) aufgestellten „Technische Regeln für Dampfkessel" (TRD) entsprechen. Die TRD geben die sicherheitstechnischen Anforderungen an Werkstoffe, Herstellung, Berechnung, Ausrüstung, Aufstellung, Prüfung und Betrieb wieder. Die Herausgabe der TRD erfolgt durch die Vereinigung der Technischen Überwachungsvereine e.V. Essen.

Für den Modellbau kommt von den in vier Gruppen eingeteilten Dampfkesseln die Gruppe 1 mit einem Wasserinhalt von weniger als 10 Litern in Betracht. Behandelt werden die Dampfkessel der Gruppe 1 in der TRD 801. Von den hier gemachten Aussagen seien die für den Eigenbau wichtigsten Vorschriften herausgegriffen.

- Die Werkstoffe müssen dem Verwendungszweck entsprechend gewählt werden, wobei die mechanischen und thermischen Beanspruchungen zu berücksichtigen sind. Sie müssen bei werkstoffgerechter Weiterverarbeitung in ihren Eigenschaften den Betriebsbeanspruchungen genügen.

- In der Herstellung sind Hartlötungen von Blechen nur bei Wanddicken unter 3 mm zulässig. Kaltumgeformte Teile brauchen nachträglich nicht wärmebehandelt werden, sofern bei der Umformung die Werkstoffeigenschaften nicht unzulässig verändert wurden.

- Für die Festigkeitsberechnung gelten die TRD der Reihe 300, wobei eine Berechnung gegen vorwiegend ruhende Innen- bzw. Außendruckbelastung genügt.

- Die Beheizung muß einen gefahrlosen Betrieb der Dampfkessel ermöglichen. Es muß sichergestellt sein, daß bei Gasbefeuerung beim Ausbleiben der Flamme die weitere Brennstoffzufuhr unterbrochen wird, sofern nicht eine Wiederzündung während des Betriebes möglich ist.

- Als Ausrüstung muß der Dampfkessel mindestens ein zuverlässiges Sicherheitsventil haben, das den höchsten im Dauerbetrieb erzeugbaren Dampfdruck abführen kann, ohne daß der zulässige Betriebsüberdruck um mehr als 10 % überschritten wird. Ferner muß der Kessel mit einer Einrichtung versehen sein, die anzeigt, ob im Kessel Dampfdruck herrscht.

- **Die Kennzeichnung umfaßt Namen des Herstellers, zulässigen Betriebsüberdruck in bar, Wasserinhalt in Litern, Dampferzeugung in kg/h, Herstellernummer und Herstellerjahr.**

Weder einer Erlaubnis noch einer Anzeige bedarf ein Dampfkessel, dessen Betriebsüberdruck weniger als 32 bar beträgt. **Der Ersteller hat jedoch eine Wasserdruckprüfung des Kessels durchzuführen und zu bescheinigen.**

*Ihr Spezialist für Drehen und Fräsen,
Werkzeuge und Werkstattausrüstung*

Katalog anfordern: **Maschinen Deuß**
Lohnskotter Weg 14
51069 Köln
Tel. (02 21) 60 64 01
Fax (02 21) 60 78 80

Steam Exclusive

Mat.-Sätze – Bau-Sätze

Einbaufertige Schiffs-Dampfmaschinen mit Kesselanlagen und allen erforderl. Zubehör sowie Gasbrenner und Gasanschluss. Dampftraktoren, Dampfwalzen, Schausteller-Traktoren der Fa. Regner und Maxwell-Hammons. Edelstahl-Kessel aus eigener Fertigung. 100 mm Ø, 125 mm Ø, 150 mm Ø in liegender Ausführung mit Gasfeuerung, in stehender Ausführung mit Keramik-Brenner, für stationäre Modelle und für Schiffseinbau geeignet, auch als Baugruppe lieferbar.
Englische und metrische Fittings von 3–5 mm Rohranschluss sofort lieferbar. Über 50 verschiedene metrische Ventile von 2–8 mm Rohranschluss (auch Flanschausführung), Speisepumpen, mechanische Öler, Fliehkraftregler, Dynamos, Kupfer- und Messingrohre, Kupfer-Fittings, Messing-, Stahl- und Edelstahl-Material (rund und 6-kant) Modellschrauben in Stahl, Messing und Edelstahl auf Lager.
Verschiedene Werkzeuge metrisch und sämtliche englische Gewindebohrer und Schneideisen und vieles mehr.
Große Auswahl an Fertig-Modellen und Fertig-Maschinen der STUART-Reihe. Dampflokomotiven der Spurweite 3 1/2" und 5" sowie Dampf-Traktoren.
Gesamtkatalog DM 15,–, zuzüglich Porto Inland DM 4,–, Porto Ausland DM 13,50.
Katalog nur gegen Vorauszahlung mit Scheck oder Briefmarken. Geschäftszeiten nur nach telefonischer Vereinbarung.
Telefonisch erreichbar unter 08141/12982, Fax 08141/17285. Werktags einschl. Samstag von 9.00 bis 12.00 und 15.00 bis 18.00 Uhr

—Dipl.-Ing. (FH) Georg Hirsch, Augsburger Straße 58, 82256 Fürstenfeldbruck—

Maschinen Werkzeuge Dampfmaschinen
Wir liefern schnell und preiswert die gesamten Programme von:

- **Proxxon** Werkzeuge und Maschinen
- **Wabeco** Dreh- und Fräsbänke
- **Saupe** Dreh- und Fräsbänke
- Erweitertes Programm an interessanten Werkzeugen
- **Stuart** Dampfmaschinen
- Eine Auswahl an Dampfmaschinen anderer Hersteller

M. Hüller ✶ Brunnenstraße 8 ✶ 56825 Urschmitt
Tel. 026 77/91 00 90, Fax 026 77/698
Die neuen Werkzeug- und Dampfkataloge sind da!
Schutzgebühr je Katalog 10,00 DM, Ausland je Katalog 15,00 DM. Wird bei Kauf angerechnet.

**Die Adresse für Dampf lautet:
Dampfmodellbau K. Koch**

Vulkanstraße 7
D-56727 St. Johann b. Mayen
Telefon 026 51/31 48
Telefax 026 51/77 4 70

STUART-Katalog gegen Voreinsendung
von DM 15,– (Inland).
Wird beim Kauf ab DM 300,– verrechnet.

Heißluftmaschinen

Stehende und liegende Modellausführungen.
• Zeichnungen • Materialbausätze • Gußteile • Fertigmodelle
Katalog gegen DM 5,- in Briefmarken.

MODELLBAU **Werner Wiggers** Postfach 101 104
47886 Kempen

Laspe Dampfmodellbau Neuss

Unser Hauptkatalog D5 informiert über: Werkzeuge, DIN-Teile u. NE-Metalle. Baupläne u. -kästen von Dampfbooten, stehende und liegende Dampfkessel, lieferbare Messing- und Kupferrohre. Dampfmaschinen in verschiedenen Ausführungen. Dampfzubehör wie Ventile, Verschraubungen, Keramikbrenner, Isoliermaterial, Wasserpumpen usw.

Hauptkatalog D5 erhalten Sie gegen Einsendung von DM 18,–, Ausland DM 25,–

D. Laspe Modellbau u. Feinwerktechnik
Lingeweg 5 · 41472 Neuss-Holzheim
Tel. 02131/461991 · Fax 02131/462802

Metalle zum Drehen

- Aluminium - Automatenstahl - C 45 - Edelstahl - Grauguß - Lagerbronze

- Messing - Silberstahl - Titan - Polyacetal (Delrin) - Teflon

- in rund, flach, vier- und sechskant - **Längenzuschnitte**

- Stirnzahnräder Modul 0,5 - 0,7 - 1,0 - Bleche - Rohre - Schrauben

Lager- u. Preisliste gegen 4 DM in Briefmarken. Tel. u. Fax 06340-5443

Paul Schmitt   Hauptstraße 81   76889 Kapsweyer

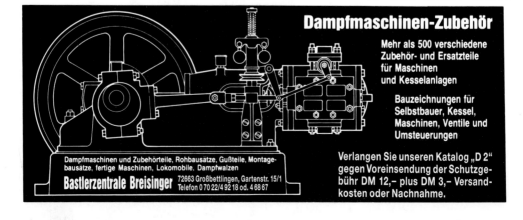

Dampfmaschinen-Zubehör

Mehr als 500 verschiedene Zubehör- und Ersatzteile für Maschinen und Kesselanlagen

Bauzeichnungen für Selbstbauer, Kessel, Maschinen, Ventile und Umsteuerungen

Verlangen Sie unseren Katalog „D 2" gegen Voreinsendung der Schutzgebühr DM 12,– plus DM 3,– Versandkosten oder Nachnahme.

Dampfmaschinen und Zubehörteile, Rohbausätze, Gußteile, Montagebausätze, fertige Maschinen, Lokomobile, Dampfwalzen

Bastlerzentrale Breisinger 72663 Großbettlingen, Gartenstr. 15/1
Telefon 0 70 22/4 92 18 od. 4 68 67